Preguntas y Respuestas
SOBRE EL RICA

Una guía para comprender la iniciación cristiana

Paul Turner

RECURSOS
CATÓLICOS
EN ESPAÑOL

Nihil Obstat
Rev. Sr. Daniel G. Welter, JD
Canciller
Arquidiócesis de Chicago
22 de mayo de 2019

Imprimatur
Obispo Auxilar Ronald A. Hicks
Vicario General
Arquidiócesis de Chicago
22 de mayo de 2019

Nihil Obstat e *Imprimatur* son declaraciones eclesiásticas oficiales de que un libro está libre de errores doctrinales y morales, conforme al canon 827. Estas no implican que quienes las otorgan suscriben el contenido, opiniones o declaraciones expresas en la obra, ni que asumen alguna responsabilidad legal asociada con la publicación.

Extracto de textos litúrgicos conforme al *Rito de la Iniciación Cristiana de Adultos* © 1991, United States Catholic Conference, Washington, DC; *Ritual para el Bautismo de los Niños* © 2009, Conferencia de Obispos Católicos de los Estados Unidos (USCCB), Washington, DC; y *Misal Romano*, 3.ª ed. © 2018, USCCB y Comisión Episcopal de Pastoral Litúrgica del Episcopado Mexicano.

Referencias de textos bíblicos no litúrgicos conforme a *La Biblia de nuestro pueblo: América Latina* © 2011 Grupo de Comunicación Loyola, S.L.U.

Preguntas y respuestas sobre el RICA: Una guía para comprender la iniciación cristiana © 2019 Arquidiócesis de Chicago: Liturgy Training Publications, 3949 South Racine Avenue, Chicago, IL 60609; 800-933-1800; fax 800-933-7094; email: orders@ltp.org; website: www.LTP.org. Todos los derechos reservados.

Título original: *Q&A on the RCIA: A Guide to Understanding Christian Initiation* © Liturgy Training Publications, 2019. Traducido por Ricardo López.

Edición: Christian Rocha. Cuidado de la edición: Víctor R. Pérez. Corrección: Kris Fankhouser. Diseño y tipografía: Juan Alberto Castillo.

Ilustraciones de la portada: Cody F. Miller. Ilustraciones interiores: Martin Ersparmer, OSB.

23 22 21 20 19   1 2 3 4 5

Impreso en los Estados Unidos de América

Library of Congress Control Number: 2019944842

ISBN 978-1-61671-511-3

SQARCIA

AD MEMORIAM

DAVIDIS SCHWARTZE
ÆTERNA CVIVS VITA
RESPONSVM EST VNICVM
QVÆSTIONIBVS OMNIBVS
TERRENA SVPER EIVS VITA

Índice

Agradecimientos xi
Introducción xii

Parte 1: Preguntas fundamentales

¿Qué es el catecumenado? 2
¿Qué es el RICA? 2
¿Que son los *Estatutos Nacionales*? 4
¿Cuáles son los recursos primarios para el catecumenado? 5
¿Cuál es la historia del catecumenado? 5
¿Por qué no lo hacemos como antes, cuando el sacerdote hacía todo? ... 7
¿Quiénes deben pertenecer al equipo de catecumenado? 7
¿Qué hacer para involucrar a toda la comunidad? 9
¿Cuánto debe durar todo el proceso? 10

Parte 2: Precatecumenado

¿Qué es la evangelización? 12
¿Quién es un candidato? 13
¿Cuál es la diferencia entre un catecúmeno y un candidato? 14
¿Quién es un converso? 14
¿Cuáles son los bautismos que aceptamos? 15
¿De qué debe hablarse en la primera entrevista? 16
¿Podemos aceptar un candidato de otra parroquia? 17
¿Hay niños en el catecumenado? 18
¿Cuál es la edad catequética? 18
¿Qué hacer si los papás, catequistas o el párroco prefieren que los niños en edad catequética pospongan su confirmación hasta que lleguen a la edad estipulada por la diócesis para confirmar a los adolescentes o jóvenes católicos que fueron bautizados de niños? 19

¿Puede aceptarse en el catecumenado a un niño cuyos padres no están interesados?..20

¿Qué es el precatecumenado o etapa de evangelización? 20

¿Cómo es una sesión de precatecumenado? 22

¿Puede el estatus marital de una persona impedirle hacerse católica? 24

¿Qué es la anulación matrimonial?..25

Parte 3: Catecumenado

¿Cómo sabemos si alguien está listo para pasar
del precatecumenado al catecumenado?..28

¿Qué debe hacer un sponsor o tutor en la fe?......................................28

¿En qué se diferencia un sponsor o tutor de un padrino o madrina? 30

¿Qué es el Rito de Aceptación en el Orden de los Catecúmenos?.........30

¿Qué es el Rito de Recepción? 31

¿Cuándo deben realizarse los Ritos de Aceptación y de Recepción? 32

¿Por qué inicia en la puerta de la iglesia el Rito de Aceptación? 33

¿Qué deben responder los candidatos a la pregunta
"¿Qué pides a la Iglesia de Dios?"?...34

¿Qué es la primera aceptación del Evangelio?.....................................35

¿Por qué se hace la señal de la cruz en los candidatos?.......................36

¿Por qué la invitación a la celebración de la Palabra de Dios aparece
en el Rito de Aceptación, pero no en el Rito de Recepción? 37

¿Por qué los catecúmenos reciben un libro que contiene los
evangelios o una cruz? 38

¿Por qué despedimos a los catecúmenos durante la misa?..................40

¿Se debe despedir a los candidatos en la misa? 41

¿Cómo se hace la despedida? 42

¿Qué es la catequesis? 43

¿Cuándo debe hacerse la catequesis?...43

¿Quién guía la catequesis? 45

¿Cómo debe ser una sesión catequética?..45

¿Cuáles son los ritos menores? 46
¿Qué son las Celebraciones de la Palabra? 47
¿Qué es un exorcismo? 48
¿Quién puede hacer un exorcismo? 49
¿Qué son las bendiciones de los catecúmenos? 49
¿Cuándo podemos usar el aceite de catecúmenos? 50
¿Por qué la etapa de purificación e iluminación coincide
con la Cuaresma? 51

Parte 4: Purificación e iluminación

¿Qué es la conversión? 54
¿Qué es el discernimiento? 54
¿Cómo saber si alguien ya está preparado para el bautismo? 55
¿Qué puede impedirle a alguien ser bautizado? 57
¿Puede hacerse la iniciación de adultos fuera de Cuaresma
y Pascua? 58
¿Qué es el Rito de Envío? 59
¿Qué es el Rito de Elección? 59
¿Por qué se hace el Rito de Elección en la catedral? 61
¿Qué es el Libro de los Elegidos? 62
¿Quién debe firmar el Libro de los Elegidos? 62
¿Se debe firmar el libro en la parroquia o en la catedral? 63
¿Se puede repetir el Rito de Elección? 63
¿Es necesario el sacramento de la reconciliación para catecúmenos
y candidatos? 64
¿Cuál es el Rito Penitencial para los candidatos? 65
¿Qué es un escrutinio? 65
¿Por qué los evangelios del año A son tan importantes
para los escrutinios? 67
¿Qué es una entrega? 68
¿Qué es la Entrega del Símbolo o Credo? 68

¿Qué es la Entrega de la Oración del Señor o Padrenuestro? 69

¿Deben participar en el Sagrado Triduo Pascual los elegidos?.............70

¿Qué tan importantes son los Ritos de Preparación en
Sábado Santo?..71

¿En qué consiste el Rito del Effetá? 72

¿En qué consiste la Recitación del Credo o Símbolo? 73

¿Por qué no hay Recitación de la Oración del Señor o Padrenuestro? ...73

¿Deben adoptar los catecúmenos un nuevo nombre en el bautismo?....74

¿Qué es el ayuno pascual?..75

PARTE 5: INICIACIÓN

¿Por qué el bautismo coincide con la Pascua?.......................................78

¿Por qué cantamos la Letanía de los Santos?..79

¿Por qué se bendice el agua?..79

¿Por qué los elegidos hacen promesas bautismales? 80

¿Cómo se bautiza a una persona? 81

¿Qué es el bautismo por inmersión? 82

¿Por qué no se unge con crisma la coronilla de los
recién bautizados? 83

¿Por qué les entregamos una vestidura blanca?..................................85

¿Por qué les entregamos una luz encendida a los recién bautizados?.....86

¿Quién es un neófito? 87

¿Por qué rociamos a la asamblea con agua bendita en la
Vigilia Pascual? 87

¿Qué es el Rito de Recepción? 88

¿Qué hay que hacer si un cristiano de la Iglesia Ortodoxa Oriental
quiere hacerse católico? 89

¿Cuándo debe hacerse el Rito de Recepción? 90

¿Cuándo deben recibir la confirmación y la primera Comunión los
católicos bautizados pero no catequizados?...91

¿Por qué la confirmación forma parte de la Vigilia Pascual?................92

¿En qué circunstancias se permite a los sacerdotes administrar la confirmación?....93

¿Los niños en edad catequética bautizados en la Vigilia Pascual deben también ser confirmados?....93

¿A quién no debe confirmar el sacerdote?....94

¿Cómo se administra la confirmación?....95

¿Por qué es importante la Comunión en la Vigilia Pascual?....97

¿Cómo se ofrece la Comunión a los neófitos?....97

Parte 6: Mistagogia

¿Qué es la mistagogia?....100

¿Cómo es una sesión de mistagogia?....101

¿Por qué es importante para los neófitos la Octava de Pascua?....102

¿Por qué es tan importante en la mistagogia el año A?....103

¿Cómo mantener a los neófitos en la mistagogia?....103

¿Por qué hay una misa con el obispo para los neófitos?....105

¿Qué tipo de celebración por el aniversario del bautismo hay que hacer?....105

¿Deben prepararse para el sacramento de la reconciliación los recién bautizados?....106

¿Qué tipo de cuidado pastoral ofrecemos después de la mistagogia?....106

Bibliografía....**107**
Recursos para la iniciación cristiana....**108**

Agradezco

> al North American Forum on the Catechumenate, por catequizar
>
> a Nick Wagner, por esperar
>
> a Mary Ernstmann, Gael Gensler y Ron Lewinski, por leer
>
> a Louis Persac, por bautizar
>
> a Dios, por responder.

PT

Introducción

Si usted es de las personas que tienen preguntas sobre el catecumenado, este es su lugar. Mucha gente tiene preguntas. El catecumenado modela externamente un camino interior muy personal que provoca preguntas para todos los que quieren celebrarlo con fidelidad y flexibilidad. Si usted ayuda a alguien que se encamina al bautismo, la confirmación y la Eucaristía, este libro es para usted.

Este libro lo llevará por el recorrido de un catecúmeno a lo largo de las etapas señaladas en el RICA. El RICA visualiza cuatro etapas de formación separadas por tres pasos litúrgicos. Cada uno es único, y juntos estructuran un proceso que es en última instancia personal y espiritual. El camino de cada catecúmeno desde que comienza a preguntar hasta su bautismo tiene una ruta similar, pero cada quien necesita discernir y comprender. El Espíritu Santo trabaja de diversas maneras para avivar la fe en el corazón humano.

Este libro también explora la situación de los bautizados válidamente en otra confesión cristiana que ahora buscan la comunión de la Iglesia Católica. El RICA llama a este grupo "candidatos" y su circunstancia difiere de la de los catecúmenos porque ya están bautizados. En muchas parroquias, los ministros y los voluntarios hacen poca diferencia entre los catecúmenos y los candidatos, pero el estatus bautismal configura significativamente la ruta hacia la comunión eucarística.

Aunque los ritos revisados de la iniciación de adultos aparecieron en el horizonte católico en 1972, todavía no tienen carta de ciudadanía en algunas parroquias católicas. El RICA es un libro grande que cubre una multitud de circunstancias y ofrece una gran cantidad de opciones dentro de ellas. Muchas personas, incluidos muchos sacerdotes, encuentran el libro desconcertante y desafiante.

Debe saber que, si tiene preguntas sobre el catecumenado, no está solo. Usted está en la buena compañía de personas de generaciones pasadas. En la Roma del siglo vi, Juan el Diácono recibió una lista de preguntas sobre el catecumenado de Senarius de Rávena. En el siglo ix, Carlomagno envió una serie de preguntas sobre los ritos bautismales a los grandes teólogos de su tiempo. En el siglo x, el Pontifical Romano–Germánico incluyó un glosario de términos usados en el catecismo para aquellos que no estaban familiarizados con ellos. En el siglo xix, el formato de preguntas y respuestas se convirtió en un método popular de catequesis en obras como el Catecismo de Baltimore. Algo como el catecumenado despierta muchas preguntas.

Las respuestas, por supuesto, finalmente se encuentran en la vida, el ministerio y la promesa de Jesús de Nazaret. Este libro espera guiarle hacia aquel que promete salvación, con quien los bautizados comparten la visión de una nueva vida.

PARTE 1:
Preguntas fundamentales

1. ¿Qué es el catecumenado?

El catecumenado es la etapa de preparación para el bautismo de un adulto. Organizado en pasos, lleva a la persona desde una fe inicial a una fe plena conforme escuchan la Palabra de Dios y aceptan el Evangelio.

Catecumenado es también el conjunto de personas que hacen este camino de fe. Algunas veces usted escuchará algo como "se unió al catecumenado". A esa persona se le llama catecúmeno.

Escuchará que algunas personas llaman a los catecúmenos "catecumenados", como cuando dicen "nuestros vecinos son catecumenados en san Esteban". Se refieren a catecúmenos. La palabra "catecúmeno" se popularizó en el siglo ii para referirla a alguien que estaba aprendiendo sobre el cristianismo. Quizá tenga la idea de que la Palabra de Dios está resonando dentro de los que la escuchan. "Catecúmeno" probablemente comparte la raíz de una palabra "eco".

"Catecumenado" tiene otro significado. Con sentido estricto, especifica la etapa que comienza con la Aceptación o Admisión en el Orden de Catecúmenos termina con la Elección o la Inscripción de los nombres. La Iglesia permite a las personas unirse al catecumenado en cualquier momento del año.

2. ¿Qué es el RICA?

RICA es el acrónimo de *Rito de la iniciación cristiana de adultos*, que es el libro ritual que describe las etapas, ritos y procesos correspondientes al bautismo de adultos en la Iglesia Católica Romana.

El libro es uno de los frutos del Concilio Vaticano II. El concilio pidió renovar la liturgia de la Iglesia, incluyendo la restauración del catecumenado. Aunque existía un catecumenado complejo en el cristianismo primitivo, sus ritos se habían simplificado bastante y se habían eliminado sus etapas. Concluido el Concilio, grupos de estudio implementaron los deseos de los obispos del mundo. Uno de esos grupos trabajó en el catecumenado. Los resultados se publicaron por primera vez en Roma en 1972. Siguió una traducción provisional en inglés en 1974, y la Conferencia Nacional de Obispos Católicos publicó el documento oficial de la traducción en 1988. El *Rito de la iniciación cristiana de adultos* es el texto ritual oficial de la Iglesia Católica Romana para el bautismo de adultos.

La parte I describe el procedimiento para los no bautizados. Divide el proceso en cuatro etapas separadas por tres ritos. La etapa de evangelización y precatecumenado concluye con el Rito de Admisión en el Orden de los Catecúmenos. La etapa del catecumenado concluye con el Rito de elección o Inscripción de nombres. La etapa de Purificación e Iluminación concluye con los ritos de iniciación. La etapa de catequesis post-bautismal o mistagogía es la última.

La parte II del *Rito de la iniciación cristiana de adultos* contiene ritos para personas en circunstancias particulares, incluyendo niños en edad catequética, aquellos en peligro de muerte y aquellos previamente bautizados.

Los parágrafos del libro están numerados consecutivamente; sin embargo, la introducción general tiene su propia numeración, por lo que tenemos dos series de párrafos 1–35. El primer apéndice continúa la numeración principal, pero el resto tiene sus propios números. En los márgenes del lado derecho, encontrará impresos números pequeños no consecutivos. Estos se refieren a los párrafos de la edición en latín de 1972. La edición de 1988 de los Estados Unidos reordenó algunos de los párrafos, incorporó material de otros documentos y agregó algunas secciones nuevas, todas con la aprobación de la Sede Apostólica. Usted siempre puede saber de dónde proviene el material verificando las referencias del margen derecho.

El libro que usted está leyendo lo remitirá al texto ritual por números de párrafo, no de página. Así, RICA, 75, refiere al párrafo 75 del *Rito de la iniciación cristiana de adultos*.

Muchas personas usan el acrónimo RICA para describir un grupo o ministerio catecumenal. Escuchará la promoción: "¡Únase al RICA!", o a alguien decir, "Estoy en el equipo del RICA". Este uso ha ganado una aceptación generalizada. Sin embargo, el acrónimo no atrapa adecuadamente la majestuosidad de la conversión que refiere. Tampoco les dice algo a las personas que no están familiarizadas con ese código. Las parroquias quizá ayudarán mejor si se abstienen de usar el acrónimo y lo sustituyen con términos más significativos (por ejemplo, "el catecumenado", "iniciación cristiana" o "hacerse católico").

Más problemas han surgido con la introducción de acrónimos basados en el acrónimo inglés (RCIA). Quizá les toque oír algo como OCIA (el orden de iniciación cristiana de adultos), RCIC (el rito de iniciación cristiana de niños) y RCIT (el rito de iniciación cristiana de adolescentes). Ninguno de estos existe en latín. "Orden" puede describir mejor que "rito", pues el libro incluye más que rúbricas rituales y recoge varios "ritos" individuales. Pero inventar un nuevo acrónimo disminuye su valor. Solo tenemos dos libros oficiales para el bautismo en la Iglesia Católica. Los niños pequeños son bautizados conforme al *Ritual para el Bautismo los Niños*, y los niños mayores, en edad catequética, así como adolescentes y adultos, son bautizados conforme al *Rito de la iniciación cristiana de adultos*, que tiene adaptaciones para niños.

3. ¿Qué son los *Estatutos Nacionales*?

Los *Estatutos Nacionales para el Catecumenado* son leyes locales que rigen el catecumenado en los Estados Unidos, aprobado por la Conferencia Nacional de Obispos Católicos en 1986. Fueron incorporados en la edición del *Rito de la iniciación cristiana de adultos* en la edición estadounidense, y aparecen en el apéndice 3. Allí puede usted las recomendaciones específicas que redefinen la implementación del catecumenado en los Estados Unidos. Las referencias a los *Estatutos Nacionales* se indican como ENC, más el número de referencia.

4. ¿Cuáles son los recursos primarios para el catecumenado?

Los principales recursos son los siguientes:

1. El texto fundamental es el *Rito de la iniciación cristiana de adultos*, y es la norma para todos los demás recursos.

2. El *Leccionario de la misa* contiene las lecturas de la misa y es como la columna vertebral de la catequesis a lo largo del catecumenado. Proclamar la Palabra de Dios es clave en la formación catequética.

3. El *Misal Romano* contiene las oraciones del presidente de la asamblea para muchos rituales. Las oraciones y los prefacios asignados a cualquiera de los domingos también ofrecen magníficos materiales para la catequesis.

4. El *Código de derecho canónico* contiene secciones que describen los derechos y deberes de los catecúmenos. Los cánones más pertinentes forman parte del apéndice tres del *Rito de la iniciación cristiana de adultos*. En este libro de preguntas y respuestas, las referencias a cánones específicos aparecen así: (canon 849), entre paréntesis.

Abundan libros y revistas católicos que orientan sobre cómo implementar el catecumenado. Abundan los sitios de internet, las plataformas electrónicas y los talleres para ayudar a los catequistas a prepararse mejor para ese ministerio.

5. ¿Cuál es la historia del catecumenado?

El catecumenado ha pasado por varias etapas en su formación. En la época de los apóstoles, la gente generalmente se adhería a la Iglesia después de una breve experiencia de catequesis y predicación. En las siguientes generaciones, el bautismo seguía a un modelo de formación y padrinazgo.

Hacia los siglos iv y v se había formado un catecumenado extenso. La gente podía pasar como catecúmeno un tiempo breve o uno considerablemente largo, antes de ser bautizada. Los tutores o padrinos ayudaban a prepararlos. Los líderes de la comunidad evaluaban su preparación. Por ese entonces, comenzaron a tomar forma una serie de rituales y períodos. Entre las fuentes que describen este período contamos con *La tradición apostólica* (siglo iii–iv), *Las constituciones apostólicas* (siglos iii–iv), y los escritos de san Ambrosio de Milán (+397), Cirilo de Jerusalén (+386), Egeria (finales del siglo iv), Teodoro de Mopsuestia (+428) y Agustín de Hipona (+430).

En el siglo vi, el mundo cristianizado comenzó a tener menos bautismos de adultos. La necesidad predominante era el bautismo de niños que originó algunas adaptaciones en los rituales. El catecumenado, que se había extendido hasta un período de varios años, de hecho, colapsó hasta reducirse a sola sesión celebrada o en la Vigilia Pascual o en una ceremonia aparte, que podía tenerse en cualquier época del año poco después del nacimiento del bebé.

En el siglo xvi, los misioneros vieron la importancia de restaurar el catecumenado, pues trabajaban con adultos no bautizados. Sin embargo, no obtuvieron el permiso de Roma para un catecumenado con rituales en etapas.

El permiso para volver a dividir el rito bautismal en las etapas de un catecumenado finalmente llegó en el siglo xx, tras siglos de experiencia con el bautismo de adultos en las tierras de misión. El Concilio Vaticano II restauró el catecumenado, con las tierras de la misión en mente, pero su proceso de iniciación resultaba muy útil también en los lugares donde la Iglesia estaba ya bien establecida.

En consecuencia, aunque el catecumenado con su extraño vocabulario (escrutinios, entregas, catecúmenos, mistagogía, etcétera) parece algo completamente nuevo para muchos católicos, sus raíces se remontan a los primeros siglos de nuestra iglesia.

6. ¿Por qué no lo hacemos como antes, cuando el sacerdote hacía todo?

Antes del Concilio Vaticano II, la mayoría de la gente se adhería a la Iglesia Católica siguiendo las "instrucciones de conversión", que consistían en una serie de sesiones con un sacerdote y que se extendían por varias semanas o meses. Durante ese tiempo, el sacerdote repasaba las creencias básicas de la Iglesia Católica e invitaba a las personas a que dieran su asentimiento. Luego las introducía en la iglesia mediante el bautismo o, de haber sido ya bautizadas en alguna otra Iglesia cristiana, mediante el bautismo condicional.

Hoy, sin embargo, la iniciación de los adultos es responsabilidad de todos los bautizados (RICA, 9). Toda la Iglesia entrega y nutre la fe. En la Iglesia, todos, sacerdotes, diáconos, catequistas, padres, padrinos, familiares, amigos y vecinos, han de participar activamente. La participación de la comunidad total expresa con mayor elocuencia lo que es la Iglesia. La pertenencia a la Iglesia no es solo asunto de fe personal, trabajada con un sacerdote; es más bien participación en una comunidad de creyentes.

Este tipo de preparación permite un discernimiento más relajado y profundo a los catecúmenos y a los responsables de su formación. Requiere más tiempo, pero la participación de la comunidad es más importante que la velocidad.

7. ¿Quiénes deben pertenecer al equipo de catecumenado?

Idealmente, varias personas deben servir en el equipo del catecumenado parroquial. La composición del equipo variará de una parroquia a otra, dependiendo de los recursos. Algunos miembros pueden ser empleados remunerados (un educador religioso, un liturgista o un clérigo, por ejemplo); otros, voluntarios (un catequista, un coordinador de tutores en la fe o patrocinadores o un ujier o ministro de hospitalidad). Al armar su equipo, piense en estas responsabilidades:

- **Cuidado pastoral.** El catecumenado debe ayudar al crecimiento espiritual. Una o varias personas del equipo, el pastor o los directores espirituales, deberán estar atentos particularmente a los signos de fe.

- **Catequesis.** Los interesados necesitan orientación básica sobre los rudimentos de la evangelización. Necesitan tener una formación sólida sobre los contenidos de la fe y saber la conducta que se espera de ellos. Los elegidos necesitarán formación espiritual. Los recién bautizados necesitan ser integrados en la comunidad. Una o más personas deben supervisar los diversos componentes catequéticos de todo el proceso.

- **Culto.** La liturgia de la comunidad parroquial invitará a los catecúmenos a orar. Algunos rituales, como los escrutinios, por ejemplo, tienen lugar en la misa dominical. Otros, como las celebraciones de la palabra, por ejemplo, pueden hacerse aparte, durante una sesión de catequesis. Quien supervise la liturgia de la parroquia mantendrá informados a otros miembros del equipo sobre los diversos rituales pertinentes.

- **Tutoría o padrinazgo.** Todos los católicos deben tener un tutor en la fe o padrino o madrina. Alguien del equipo puede reclutar, entrenar y apoyar a las personas voluntarias para este ministerio personalizado respecto a los que desean unirse a la Iglesia.

- **Iniciación de niños.** Las personas que tienen facilidad para ayudar en el crecimiento espiritual de los niños también pueden asistir a las reuniones del equipo.

- **Discernimiento.** Todo el equipo comparte la responsabilidad fundamental de discernir la disposición de los individuos en cada etapa de su preparación hacia la iniciación. Especialmente antes del Rito de Aceptación o Admisión en la Orden de los Catecúmenos y del Rito de Elección, deberán haberse formado un juicio claro sobre el progreso de cada individuo.

Participación de la comunidad. El equipo también ayudará a toda la comunidad parroquial a participar en el proceso de iniciación a través de la invitación, el ejemplo y la oración.

El modo de organizar el equipo, la frecuencia de las reuniones y el tiempo que requieren son cosas que deben decidir entre todos los que participan en el catecumenado parroquial.

8. ¿Qué hacer para involucrar a toda la comunidad?

Todos los bautizados en la Iglesia Católica comparten la responsabilidad de transmitir y nutrir la fe. Esto puede hacerse de varias maneras.

Evangelización. Hay personas sin adscripción a una iglesia. Los católicos hablan de su fe con sus conocidos e invitan a conocerla a las personas que están en búsqueda religiosa. A algunas de ellas se les despierta la inquietud por la Iglesia porque su cónyuge es católico. Otras se sienten atraídas por algún compromiso en una escuela o alguna actividad de algún ministerio católico. No debemos cruzarnos de brazos a esperar que alguien nos llame. Tenemos que invitar directa y personalmente a otros a conocer nuestra fe.

Catequesis. Compartimos la responsabilidad de catequizar. La formación en la fe sucede en los hogares, especialmente por parte de los padres (Catecismo de la Iglesia Católica, 1653, 1656, 2221, 2223). Los y las catequistas trabajan con grupos de creyentes. Cada cual debe pensar en servir como tutor o apadrinar a alguien en la fe. Al conversar con vecinos, compañeros de trabajo y extraños, puede surgir la oportunidad de explicar lo que creemos y celebramos, y mostrarlo con nuestra conducta.

Culto. Nuestra asistencia constante a la oración común puede comprometer a toda la comunidad a formarse espiritualmente. En la oración privada cultivamos nuestra relación con Dios. Muchas veces, oramos por los catecúmenos y mostramos nuestro compromiso de dar culto.

Servicio. Cada vez que servimos motivados por nuestra fe, damos ejemplo a los demás. Cuando somos voluntarios, damos nuestro tiempo, talentos y nuestro tesoro y los catecúmenos pueden percibir la amplitud de la vida cristiana. Si invitamos personalmente a los catecúmenos a nuestra casa, a nuestras reuniones y a participar en las obras que realizamos, los vamos integrando en la gran familia cristiana.

Cada uno se va involucrando en ciertas cosas, generales y particulares. Así, como un solo cuerpo de creyentes, nos reunimos a orar y a servir, pero también regalamos nuestros dones para recibir a los demás retar y alegrarnos con los catecúmenos.

9. ¿Cuánto debe durar todo el proceso?

Cuanto se necesite. Usted puede ver que las primeras dos etapas son de duración indeterminada. Alguien puede necesitar pasar en ellas poco tiempo, pero otro, mucho más.

Los obispos de los Estados Unidos previeron que la etapa de catecumenado comenzara antes de la Cuaresma de un año y durara hasta la Pascua del año siguiente (ENC, 6). El RICA habla de un proceso gradual (4), y anota que su duración depende de la gracia de Dios, el programa y los recursos humanos disponibles para poderlo guiar (76). Esto hace muy difícil determinar un período de tiempo; lo que es bueno para el proceso.

Así, una parroquia puede ofrecer atención individual a aquellos que buscan a Cristo guiados por el Espíritu Santo. Igualmente, proporciona el espacio necesario para discernir genuinamente a lo largo del proceso. Los líderes sensibles ofrecerán formas flexibles para que las personas puedan proseguir y profundizar su formación, de acuerdo al momento que mejor se adapte a sus necesidades espirituales.

PARTE 2:
PRECATECUMENADO

10. ¿Qué es la evangelización?

Evangelizar es dar a conocer a las personas el Evangelio de Cristo Jesús. Esto sucede de muchas maneras.

En el *Rito de la iniciación cristiana de adultos*, la palabra "evangelización" tiene un uso muy limitado. Con ella se designa la primera etapa del proceso de los adultos no bautizados (RICA, 36–40). En dicha etapa, proclamamos el mensaje básico del Evangelio a quienes han mostrado interés por él. Se asume que los no bautizados no han escuchado mucho acerca de Cristo Jesús y que el Espíritu Santo incita sus corazones a escuchar el Evangelio por primera vez. En la experiencia pastoral, encontramos que muchos de los no bautizados conocen el Evangelio bastante bien. Por otro lado, el RICA asume que los ya bautizados previamente que buscan unirse a nuestra Iglesia, no necesitan la evangelización, pues ya han aceptado y respondido al Evangelio; no obstante, la experiencia pastoral muestra que algunos bautizados no conocen bien a Jesucristo.

En otros documentos el término "evangelización" tiene un sentido más amplio. El papa Pablo VI describía una "segunda esfera de evangelización que alcanza a los bautizados que son indiferentes a la fe (*Evangelii Nuntiandi*, 56). El papa Juan Pablo II lamentaba que hubiera países cristianos en los que los bautizados han perdido su fe o que ni siquiera se consideran cristianos (*Redemptoris Missio*, 33). Retomando lo dicho por el papa Benedicto XVI, el papa Francisco convoca a evangelizar a "los bautizados que no reflejan en su vida las exigencias del bautismo" (*Evangelium Gaudium*, 15).

"Evangelización" significa ofrecer el Evangelio a las personas, sea que ya lo hayan escuchado o no. Por eso, la evangelización contiene una "re-evangelización".

En las parroquias, la evangelización se refiere frecuentemente al esfuerzo por contactar a las personas del vecindario o comunidad. Las invitamos a conocer a Cristo en nuestra Iglesia. La evangelización se puede hacer por teléfono, visitas domiciliarias, ministerios comunitarios, eventos sociales, y cualquier ministerio que invite específicamente a la Iglesia o invite a los vecinos a aceptar alguna parte del ministerio parroquial.

Cada católico comparte la responsabilidad de evangelizar. Anunciamos el Evangelio de palabra y obra. Invitamos a otros a conocer a Cristo mediante las actividades e la Iglesia.

11. ¿Quién es un candidato?

El *Rito de la iniciación cristiana de adultos* usa el término "candidato" en tres sentidos:

1. Para referir a una persona durante la etapa de evangelización (por ejemplo, RICA, 48).
2. Para referir a los católicos bautizados que nunca recibieron catequesis, ni la confirmación ni la Comunión (RICA, 400).
3. Para referir a los bautizados en otras comunidades eclesiales que buscan la comunión plena en la Iglesia Católica (RICA, 400).

Usted casi nunca escucha el primer sentido. Antes de que una persona sin bautizar se convierta en catecúmeno, puede ser llamada candidato. Algunos los llaman "interesados". Este candidato tiene una relación no oficializada con la Iglesia y puede estar en esta situación por mucho o por poco tiempo.

Con mayor frecuencia, usted puede oír hablar de un "candidato" a la confirmación o a la comunión plena en la Iglesia Católica. Entonces, "candidato" se aplica a alguien ya bautizado en otra iglesia, que se prepara a estos sacramentos como católico, pero también se usa para los católicos bautizados sin catequizar, que solicitan dichos sacramentos.

La edición estadounidense del *Rito de la iniciación cristiana de adultos* ha combinado a estos dos últimos grupos de candidatos en una parte significativa del libro. Para una lectura más clara de estas secciones (400–504), es importante conocer a detalle el párrafo 400. El margen derecho indica que el parágrafo 400 es traducción del párrafo 295 de la edición latina, con una adaptación insertada para los Estados Unidos. La inserción es la siguiente frase de la primera oración: "bien sea como católicos romanos o como miembros de otra comunidad cristiana".

La intención original de los parágrafos 400–410 (295–305 de la edición latina) era tratar la atención pastoral a los católicos romanos bautizados, pero sin catequizar. La edición estadounidense agregó a ese grupo a los bautizados en otras comunidades cristianas. Todos los ritos opcionales que siguen (RICA, 411–472) son creaciones de la Iglesia en los Estados Unidos para ambos grupos de candidatos: los bautizados católicos y los bautizados en otras comunidades. Aunque estos ritos opcionales para dichos candidatos no aparecen en la edición latina original, Roma los aprobó para su uso en los Estados Unidos. Sin embargo, el Rito de Recepción (RICA, 473–504) se refiere específicamente a los bautizados en otras comunidades eclesiales, no a los bautizados en la confesión católica romana. Aunque estas distinciones no son evidentes a partir de una lectura superficial del texto, influyen en la celebración adecuada de los sacramentos para estos grupos.

12. ¿Cuál es la diferencia entre un catecúmeno y un candidato?

Tanto los catecúmenos como los candidatos se preparan para unirse a la Iglesia Católica. La principal diferencia es que los catecúmenos no han sido bautizados. La parte principal del *Rito de la iniciación cristiana de adultos* se refiere propiamente a los catecúmenos. La mayoría de los procesos y rituales para los candidatos son adaptaciones.

Cuando se trata de grupos mixtos de catecúmenos y candidatos, es importante distinguirlos tanto en los ritos como en la terminología. Se debe honrar el bautismo recibido por algunos de los candidatos.

13. ¿Quién es un converso?

Convertido se llama a la persona sin bautizar que se hace cristiana al someterse al bautismo. Aunque suele referirse como convertido a cualquiera que, viniendo de otra religión se adhiere a la Iglesia Católica, los obispos de los Estados Unidos han pedido que el término se reserve a los no bautizados "y nunca debe usarse para los cristianos bautizados que se van a recibir en la plena comunión de la Iglesia católica" (ENC, 2).

La indicación quizá sorprenda a muchos católicos, incluidos los que se autodenominan "convertidos", pero tiene su razón de ser. Los católicos comparten el bautismo con otros cristianos y una membresía en una Iglesia. Una persona bautizada que se adhiere a la Iglesia Católica es recibida en la plena comunión de la Iglesia en la que ya tiene un lugar. Un convertido auténtico es uno que se mueve de la incredulidad a la fe cristiana.

14. ¿Cuáles son los bautismos que aceptamos?

La Iglesia Católica acepta la validez de un bautismo siempre que el ministro tenga la intención de bautizar y sumerja a alguien en agua o vierta agua sobre él o ella en el nombre del Padre, del Hijo y del Espíritu Santo (canon 849).

Normalmente, un ministro que bautiza tiene esa voluntad. Usted, por lo general, no necesita preocuparse por la intención del ministro. La intención es cuestionable si el ministro tiene una comprensión diferente de la acción o las palabras del bautismo.

Tanto la inmersión como la infusión o derramar agua sobre el bautizado, son formas válidas. Rociar no lo es. Tenga en cuenta, sin embargo, que algunos ministros en algunas iglesias, como la Iglesia Metodista Unida, a veces se refieren al bautismo por difusión o derrame como un bautismo por aspersión. El mero dato de que alguien use el término "rociar" para describir el modo del bautismo no significa que el bautismo mismo sea inválido.

Para bautizar, el ministro no puede usar otra sustancia que no sea agua; ni intentar bautizar sin agua.

Las palabras para el bautismo deben mencionar clara y distintamente a la Santísima Trinidad: "Yo te bautizo en el nombre del Padre y del Hijo y del Espíritu Santo". Aunque algunas tradiciones cristianas validan el bautismo en el nombre de Jesús solo, la Iglesia Católica no lo hace.

Por lo mismo, aceptamos el bautismo de la mayoría de las Iglesias cristianas principales. Si una persona fue bautizada de alguna otra manera o perteneció a una comunidad que no practica el bautismo en absoluto, la consideramos no bautizada.

Para obtener una lista actual de las confesiones cristianas con prácticas bautismales válidas y no válidas, consulte con su oficina diocesana o cancillería. Su tribunal matrimonial diocesano también puede tener una lista local para discernir en los procesos de anulación. La misma lista sirve en el caso de las personas bautizadas, interesadas en hacerse católicas.

Antes, cuando alguien que ya había sido bautizado quería unirse a la Iglesia Católica, comúnmente era bautizado con una fórmula condicional: "Si no estás bautizado, yo te bautizo en el nombre...". Esa modalidad hay que erradicarla. Si hay que hacer un bautismo condicional, debe hacerse en privado, nunca en la celebración pública de la Vigilia Pascual (ENC, 37).

El punto es delicado y requiere cautela pastoral. Usted no debe presumir que un bautismo es inválido, a menos que tenga una seria razón para ello. Un candidato que ya ha sido bautizado no debe solicitar el bautismo en la Iglesia Católica. Estas restricciones quieren honrar el sacramento del bautismo y la unidad que este establece entre las iglesias cristianas.

15. ¿De qué debe hablarse en la primera entrevista?

En la primera entrevista con un posible catecúmeno o candidato, se debe recabar alguna información básica.

Quiénes son. Obtenga la información de contacto básica: nombre, domicilio, email, números telefónicos, página social y cosas así.

- **De dónde vienen.** Pregunte algo sobre su camino o historia de fe. Su estatus bautismal.
- **Lo que creen.** Cómo comenzaron a creer. Cómo expresan su fe. Si tienen modelos de fe. Qué significan sus tatuajes.
- **Porqué han venido.** Qué los ha motivado a dar este paso en su camino de fe.
- **Estatus marital.** Pregunte si ha estado casado. Si tiene hijos.

- **Los amigos católicos.** Puede ser relevante conocer los nombres de sus amigos católicos y sus familiares, pues podrán servir de tutores o padrinos posteriormente.
- **Expectativas.** Qué esperan ellos de usted. Qué espera usted de ellos.

16. ¿Podemos aceptar un candidato de otra parroquia?

Hay personas que suelen unirse a una parroquia diferente a aquella en la que viven. Lo mismo sucede con catecúmenos y candidatos.

Aunque los límites parroquiales son flexibles, cada parroquia católica cubre un área determinada, y el pastor es responsable de las almas en esos límites geográficos. Así, cada cual tiene un pastor católico y una parroquia a partir del sitio donde vive, incluso si las personas no lo saben.

Si un candidato que no es de esta parroquia desea unirse a la iglesia, es mejor ponerlo en contacto con su parroquia correspondiente. Las parroquias católicas normalmente tienen sus feligreses entre los que viven cerca de la iglesia. Esto propicia que sus miembros establezcan fuertes vínculos con los vecinos con quienes comparten las bancas y encuentran en las tiendas o en la gasolinera. Una parroquia católica establece su misión primaria en la comunidad donde está ubicada. Los candidatos de la iniciación se sienten mejor acogidos cuando se encuentran con los vecinos también en la iglesia. Por lo mismo, es más conveniente ayudar a los candidatos que vienen de fuera de la parroquia, a contactar la parroquia de su domicilio.

Con todo, por razones prácticas y espirituales, las parroquias pueden y de hecho aceptan miembros de otras circunscripciones.

17. ¿Hay niños en el catecumenado?

El *Rito de la iniciación cristiana de adultos* prevé la necesidad de un catecumenado de niños (252–330). Un niño sin bautizar que ya no es un infante debe entrar en el catecumenado y prepararse para los sacramentos de iniciación, normalmente en la Vigilia Pascual.

Los niños en el catecumenado llevan una preparación apropiada a su edad y condición. Se espera que experimenten la conversión que un niño de su edad es capaz de experimentar (RICA, 253).

La forma del catecumenado para niños se parece a la de los adultos. Por ejemplo, pueden celebrar los Ritos de Admisión y Elección, y un escrutinio. Más importante es que ellos celebran los tres sacramentos de su iniciación: bautismo, confirmación y Eucaristía. Su condición de catecúmenos no debe ser confundida con la de los niños bautizados, "ni deben ellos recibir los sacramentos de iniciación en ninguna otra secuencia que la determinada en el ritual de la iniciación cristiana" (ENC, 19).

18. ¿Cuál es la edad catequética?

Por "edad catequética" se entiende "la edad en la que uno puede ser catequizado". Es la expresión que emplea el *Rito de la iniciación cristiana de adultos* para determinar cuáles niños han de entrar al catecumenado de niños.

La Iglesia Católica ofrece dos ritos diferentes del bautismo. El *Ritual para el Bautismo de los Niños* contempla a infantes y a niños muy pequeños, pero una vez que un niño es capaz de recibir la catequesis, él o ella deberá seguir el *Rito de la iniciación cristiana de adultos*.

Aunque parezca extraño decir que esos niños se están preparando para el rito del bautismo "para adultos", nuestra Iglesia usa el rito del bautismo de adultos con los niños que han alcanzado la edad catequética por lo que respecta al bautismo (canon 852, §1).

No hay una edad determinada. Los papás, catequistas y pastores deben discernirla. Usamos otras expresiones para ayudar a determinar esa edad. Los niños pueden prepararse para la reconciliación cuando llegan a la "edad de la discreción", es decir, cuando comienzan a distinguir el bien del mal. Los niños se pueden preparar para su Primera Comunión cuando llegan a "la edad de la razón", es decir, cuando comprenden la diferencia entre el pan ordinario y el eucarístico. Ellos pueden ingresar al catecumenado si han alcanzado "la edad catequética", o la edad en la que pueden ser formados catequéticamente. Podemos decir, incluso, que esto ocurre en torno a la edad de los siete años, pero dependerá de la condición de cada niño. Puede servir como guía esto: si un niño es bastante mayor como para prepararlo para la Primera Comunión, deberá entrar en el catecumenado para su iniciación cristiana.

19. ¿Qué hacer si los papás, catequistas o el párroco prefieren que los niños en edad catequética pospongan su confirmación hasta que lleguen a la edad estipulada por la diócesis para confirmar a los adolescentes o jóvenes católicos que fueron bautizados de niños?

Primero, hay que decir que violan la ley canónica. El canon 883 otorga al sacerdote la facultad de administrar la confirmación cuando bautiza a alguien que ya no es infante, y que el canon 885 le exige que ejerza esa facultad. ¿Por qué? Porque es un derecho que se le garantiza al niño. Segundo, la Iglesia Católica permite que la confirmación ocurra a la misma edad que la primera confesión, o incluso antes, en peligro de muerte. Algunas personas piensan que la edad de la confirmación debe determinarse dependiendo de la catequesis necesaria, pero la Iglesia piensa que es la edad de la confirmación la que determina la catequesis.

20. ¿Puede aceptarse en el catecumenado a un niño cuyos padres no están interesados?

Esa no es una buena idea. Necesitamos la ayuda de los padres para que el niño crezca espiritualmente. El catecumenado es para los niños que buscan la iniciación cristiana, "ya traídos por sus padres o tutores, ya espontáneamente, pero con permiso de ellos" (RICA, 252).

Los padres desempeñan un papel importante en la educación de la fe de sus hijos. Su ejemplo es esencial para el crecimiento de sus hijos. Al participar en la catequesis de sus hijos les proporcionarán una rica experiencia catecumenal.

Si los padres se oponen a la iniciación de sus hijos, la parroquia no deberá proceder al catecumenado del niño. Si los padres dan su permiso, pero no se comprometen a participar, la comunidad deberá asegurar que alguien (otro pariente, o un padrino) esté pendiente del crecimiento del niño. Si los padres consienten plenamente, ayudarán a que el catecumenado cumpla su meta.

En el caso de los infantes, la Iglesia permite que sean bautizados siempre que haya fundada esperanza de que el niño será educado en la fe (canon 868). La ley no especifica quién educará al niño, pero insiste en esa esperanza. Lo mismo está vigente respecto a los niños en edad catequética.

21. ¿Qué es el precatecumenado o etapa de evangelización?

El precatecumenado es el tiempo de evangelización y pertenece propiamente a los no bautizados. "En ese período... se anuncia abiertamente y con decisión al Dios vivo y a Jesucristo, enviado por El para salvar a todos" (RICA, 36). Durante este tiempo los no bautizados escuchan primero el Evangelio, que los reta y los consuela. En este tiempo los candidatos cobran conciencia de la obra de Dios en su vida.

En esta etapa son dos las dinámicas mayores: las preguntas que hacen los candidatos y las historias espirituales que cuentan.

Los candidatos casi siempre tienen preguntas sobre la Iglesia Católica: Por qué hacemos las cosas de esta manera, lo que creemos de la conducta moral, lo que creemos del papa, María, la reconciliación, la misa y otras cosas. En esta etapa, los candidatos merecen respuestas satisfactorias a sus preguntas, acordes a su nivel de comprensión. Al mismo tiempo, es importante que el catequista note las inquietudes que tienen y porqué son importantes. El catequista puede aprender mucho de la vida espiritual de los candidatos preguntando sobre los asuntos que los inquietan. La meta de este período no es cubrir lo básico de la Iglesia Católica. La meta es más rudimentaria: proclamar el Evangelio (RICA, 36–38).

Los relatos espirituales dicen mucho de los candidatos. En esta etapa invítelos a meditar en los motivos que los movieron a buscar a Cristo, dónde pudieron haber encontrado antes a Cristo, y si perciben de modo diferente el plan que Dios tiene para su vida. El catequista les ayudará a articular esos relatos en conversación espiritual. Cuando conectamos esos relatos con las Escrituras, ayudamos a los candidatos a encontrar su sitio en la historia de la salvación (RICA, 38).

Dado que la etapa del precatecumenado, propiamente dicho, pertenece a los no bautizados, no hay "precatecumenado" para los que ya han pasado del catecumenado, gracias a su bautismo. Sin embargo, los candidatos bautizados pueden también tener preguntas e historias espirituales que contar. Con frecuencia, encuentran esta etapa útil en su crecimiento espiritual. Los candidatos de un grupo mixto, bautizados y sin bautizar, pueden tener mucho que compartir entre sí, pero no hay que confundir sus diferentes condiciones (ENC, 25, 30–31). Se puede invitar a los candidatos a un grupo parroquial que comparta la fe, para que hablen de sus experiencias.

Los candidatos bautizados con un trasfondo completo de catequesis y de vida de la iglesia quizá no necesiten esta etapa preliminar. Supongamos, un candidato bautizado que por varios años ha asistido a misa semanal con una esposa católica, y ha participado en servicios ocasionales, y ha acompañado la educación religiosa de sus hijos; un candidato así quizá no requiera una etapa preliminar de búsqueda.

Esta etapa porta la nota de ser introductoria. No necesita abarcar el gran cuerpo de la doctrina cristiana. Esto sucederá en la etapa siguiente. Deberá, más bien, proveer una conversación espiritual inicial, pero que sea fundacional para seguir a Cristo. No debe haber un ritual formal para comenzar este período. Simplemente comienza cuando el Espíritu impulsa el corazón de un posible candidato (RICA, 39; ENC, 1). Para muchos, este período puede ser muy breve. Si vienen con alguna vida espiritual, pueden ya haber alcanzado la meta del precatecumenado.

22. ¿Cómo es una sesión de precatecumenado?

Una sesión de precatecumenado puede tener formas diferentes. Muchas parroquias hallan útiles las sugerencias siguientes:

El grupo se reúne en la casa de un parroquiano o en algún espacio de la iglesia. La casa subraya la recepción que damos a los que buscan una unión más fuerte y profunda con Cristo y la dimensión comunitaria de la Iglesia. Algunos grupos se reúnen siempre en la misma casa; otros se van turnando por las casas. Dependiendo de las circunstancias, el complejo parroquial quizá sea la mejor opción para reunirse. Las reuniones han de ser regulares, habitualmente semanales y en el día y hora convenidos.

Idealmente, el precatecumenado se desarrolla a lo largo de un año. Los participantes se reúnen a la hora convenida y se despiden al terminar. No se necesita un programa fijo en esta etapa, ni una "clase" formal que inicie y termine a la hora fijada. De esta manera, cuando la parroquia sabe de alguien que desea una unión más estrecha con la Iglesia, él o ella puede acudir a una sesión de precatecumenado por un breve tiempo. No hay límite de tiempo para el precatecumenado. Se puede completar en muy poco tiempo para los que tienen el deseo seguro de entrar en él, o puede extenderse por varios años, mientras el candidato discierne si ese es o no el camino al que es llamado.

Precatecumenado

Muchas parroquias ofrecen un precatecumenado de unos cuantos meses antes de Navidad. El *Rito de la iniciación cristiana de adultos* nunca prevé esto como una específica posibilidad ni como una opción prioritaria. Ofrecer el catecumenado durante los mismos meses cada año simplifica los asuntos para la parroquia que debe controlar a su personal y el tiempo del voluntariado, al acompañar al grupo de catecúmenos de una etapa a la siguiente. Solo que al ofrecer esta etapa una sola vez al año, la parroquia descuida el ministerio de la guía espiritual en otras temporadas. Si a los posibles catecúmenos se les dice que "las sesiones comienzan en septiembre", quizá se extrañen de que el Espíritu Santo les haya movido el corazón en febrero. El *Rito de la iniciación cristiana de adultos* no sugiere un tiempo de inicio. El RICA asume que el precatecumenado está siempre activo y presente en la parroquia.

Una sesión típica puede tener los siguientes elementos:

- **Tiempo de bienvenida.** Nos presentamos y decimos porqué estamos aquí.

- **Tiempo de oración.** Usamos una de las muchas formas de oración cristiana.

- **Tiempo para preguntar.** Se les da tiempo a las preguntas planteadas por los candidatos. Si el catequista no sabe cómo responder alguna, puede traer una respuesta más completa a la siguiente sesión.

- **Compartir historias personales.** La vida espiritual de los candidatos aflora cuando comparten experiencias de su pasado reciente o remoto. Los catequistas ayudan a conectar sus historias con el Evangelio.

- **Tiempo de evangelización.** El catequista comparte la fe cristiana en la existencia de Dios, la vida de Cristo y la actividad de Dios en el mundo actual.

- **Tiempo de refrigerio.** Bocadillos y bebidas ayudan a crear la comunidad.

Eviten la rutina e implementen formas alternativas en la reunión. El grupo puede organizar alguna actividad. Una familia católica puede invitarlos a compartir una comida y hablar de lo que hace cristiana su casa. Pueden organizar una peregrinación a un lugar sagrado.

23. ¿Puede el estatus marital de una persona impedirle hacerse católica?

En algunos casos el estatus marital es un obstáculo para compartir la Comunión en la Iglesia Católica. Cuando los católicos entran en un segundo matrimonio mientras la Iglesia presume que el primero es válido, les pedimos que se abstengan de la Comunión eucarística. Un catecúmeno o un candidato en esta situación no es elegible para la Comunión ni otros sacramentos en la Iglesia Católica.

Nuestra Iglesia le da un gran valor al matrimonio cristiano. El matrimonio simboliza el amor permanente que Dios tiene por nosotros. Consecuentemente, cuando dos personas se casan por vez primera, incluso si no son católicos, asumimos que quieren establecer una relación permanente. Nuestro dilema para aceptar un segundo matrimonio deriva del valor que le damos a cada matrimonio.

Para ser elegible para la Comunión, los catecúmenos o candidatos que han estado casados más de una vez siguen el mismo procedimiento que los católicos. Deben obtener una anulación de su matrimonio anterior y convalidar su matrimonio actual en la Iglesia Católica.

La convalidación se parece a una boda; sin embargo, la mayoría de las parejas en esta situación, prefieren una ceremonia bastante informal, invitando solo a unos pocos familiares y amigos. Un sacerdote o diácono preside la ceremonia, usualmente una boda sin misa, como se estipula en el *Ritual del Matrimonio*. Tiene lugar en la iglesia, tan pronto como las dos partes están libres para casarse.

Si bien estos pasos eliminan el obstáculo para compartir la Comunión en la Iglesia, se darán con prudencia antes del Rito de Elección. Un interesado que todavía necesite una anulación podría ser aceptado como un catecúmeno. Pero es incorrecto bautizar a una persona así o recibir en la Iglesia a un candidato bautizado que todavía necesita una anulación, mientras se le retiene la Comunión. Sin la convalidación hecha, la parte no católica no es elegible para el bautismo, ni para la confirmación, ni para recibir la Eucaristía.

Los que se divorcian no quedan excluidos automáticamente de la Comunión. Entrar en un segundo matrimonio sin la anulación del primero es incurrir en esa sanción. Entonces, si los catecúmenos o los candidatos están divorciados, pero no se han vuelto a casar, su estado marital no les impide la Comunión en la Iglesia Católica. Sin embargo, por prudencia, deben saber lo que la Iglesia espera de ellos si deciden casarse.

24. ¿Qué es la anulación matrimonial?

La anulación matrimonial es la declaración oficial de la Iglesia de que un matrimonio que se tenía por vinculante espiritualmente no lo es. Una anulación no anula un vínculo matrimonial. Asegura, sí, que el vínculo matrimonial en cuestión nunca fue válido, pero esto no se evidenció sino hasta algún tiempo después de la ceremonia. Una anulación no afecta el estatus de los hijos del matrimonio.

Para obtener la anulación, uno de los previos cónyuges involucrados debe solicitarla al tribunal eclesiástico de matrimonios diocesano. La parroquia católica debe ayudar con este trámite. El tribunal pedirá los testimonios pertinentes sobre dicho matrimonio. Instruirá los oficios necesarios e investigará la naturaleza de la relación antes, durante y después del matrimonio. Un matrimonio puede ser declarado nulo basado en un número de factores, como la inmadurez, la decepción, la ausencia de compromiso o una ceremonia inválida. El trabajo eficaz en una anulación se lleva a cabo con la ayuda pastoral de un ministro compasivo.

La anulación es una oportunidad de crecimiento espiritual. Aunque los procedimientos suenen huecos, el proceso quiere ayudar a las personas a revisar el pasado, encarar las dificultades y hacer la experiencia de la gracia de Cristo en su vida. Se trata de una indagación muy personal que ofrece a los catecúmenos y candidatos a percibir cómo Dios los ha guiado en medio de las dificultades del pasado.

Una vez que el catecúmeno o candidato consigue la declaración de nulidad del vínculo previo, los cónyuges convalidan su matrimonio en la Iglesia Católica. Lo hacen intercambiando el consentimiento matrimonial ante un diácono o sacerdote debidamente autorizado por la Iglesia Católica, como lo hace toda pareja en la liturgia del matrimonio. Algunas parroquias retrasan la convalidación hasta poco antes del bautismo o la recepción. No hay necesidad de eso. De hecho, si una parte es católica, la convalidación habilita de inmediato a la persona a recibir la Eucaristía, en tanto que el cónyuge está en formación.

PARTE 3:
CATECUMENADO

25. ¿Cómo sabemos si alguien está listo para pasar del precatecumenado al catecumenado?

Los no bautizados que acuden a sesiones de precatecumenado, pueden pasar al catecumenado cuando han arraigado "una vida espiritual inicial y los conocimientos fundamentales de la doctrina cristiana (véase *Ad gentes*, n. 14)" (RICA, 42).

No se pide mucho. No tienen que haber desarrollado una vida espiritual o conocer a fondo la doctrina cristiana. Necesitan lo inicial o básico. Si manifiestan cierta fe, si expresan el deseo de cambiar su vida para seguir a Cristo, si comienzan a orar, si tienen algún sentido de la Iglesia con una mínima experiencia de comunidad local, están listos. El equipo juzgará las indicaciones exteriores de las disposiciones de los catecúmenos (RICA, 43).

Los candidatos, desde luego, ya han sido bautizados. Ellos no tienen pasan por un precatecumenado ni catecumenado propiamente dicho. Sin embargo, puesto que muchos de ellos han experimentado un camino espiritual junto con los catecúmenos, pueden ingresar a una nueva etapa en su formación en el momento que lo deseen. Esperamos que muestren deseo por la Eucaristía, y rasgos de su vida cristiana en lo que creen y en lo que hacen. Si esto se nota, ya están listos para la etapa siguiente.

26. ¿Qué debe hacer un sponsor o tutor en la fe?

Los tutores en la fe, o sponsors, acompañan a los candidatos no bautizados que quieren ser aceptados como catecúmenos (RICA, 10). Deben conocer a los candidatos lo suficientemente bien como para asegurar su personalidad, fe e intención. A lo largo de la etapa del catecumenado, ayudan a introducir a los catecúmenos al modo de vivir cristiano.

Los ya bautizados deben tener el apoyo de un sponsor o tutor en la fe, mientras se prepara al Rito de Aceptación o Admisión.

Las condiciones para ser sponsor o tutor en la fe se explican en el canon 874. Debe tener dieciséis años de edad al menos, aunque puede haber excepciones. Solo un católico bautizado, confirmado y que ha participado en la Eucaristía puede ser sponsor o tutor en la fe. Alguien que no ha sido confirmado no califica para dicha función. También debe llevar una vida de fe. Ni el papá ni la mamá pueden ser sponsors de su propio hijo. Aunque muchos creen que un católico en un matrimonio inválido no es elegible para ser sponsor, el canon 874 no lo excluye automáticamente. Debe, eso sí, llevar una vida de fe.

El canon 874 no excluye al cónyuge como sponsor o tutor de fe; sin embargo, el consorte tiene ya su papel: ser esposo o esposa. Alguien diferente, generalmente realizará las funciones de sponsor o tutor con mayor fidelidad. El sponsor no es alguien simplemente que inspira la fe, sino alguien que representa a la comunidad cristiana, alguien que discierne la disponibilidad y alguien que guía la fe del nuevo católico en el futuro.

La parroquia habrá de establecer otras orientaciones para los sponsors o tutores de fe. Idealmente, los sponsors han de ser miembros de la iglesia o parroquia donde se hace la preparación, pero en ocasiones, miembros de otras comunidades parroquiales pueden desempeñar ese papel, especialmente si ya tienen una relación significativa con sus respaldados. Los tutores en la fe o sponsors deben dar ejemplo de vida cristiana e introducir a los catecúmenos y a los candidatos en la comunidad local. Deben participar en el discernimiento para determinar quién está listo para avanzar en las etapas del catecumenado. Usted puede ofrecer algún tipo de entrenamiento a los tutores o sponsors para clarificar su papel.

Usted puede fijar la frecuencia de las reuniones a las que acudirán. En muchas comunidades, los tutores o sponsors van a las sesiones catequéticas de todo el tiempo de formación. Su presencia es esencial en los ritos litúrgicos, donde juegan un papel importante. Su servicio real ocurre fuera de las sesiones formales, cuando pasan tiempo conociendo a sus avalados.

Usted tiene también cierta libertad para establecer lo que esperan de los tutores o sponsors. Asegúrese con ellos, de que comparten la misma comprensión y convicción.

27. ¿En qué se diferencia un sponsor o tutor de un padrino o madrina?

Un padrino o madrina es la persona que acompaña a una persona no bautizada desde el Rito de Elección mediante la iniciación hasta la etapa de la mistagogia (RICA, 11). El padrino o madrina puede ser alguien distinto al tutor o sponsor, pero en muchos casos el tutor o sponsor que comienza a acompañar al catecúmeno termina siendo el padrino o madrina. Los padrinos inician su servicio en el Rito de Elección, o en la parroquia con el Rito del Envío de los Catecúmenos para la elección.

El *Código de Derecho Canónico* especifica las condiciones aplicables al sponsor o tutor en el canon 874. El canon trata de los padrinos. No hay lineamientos canónicos respecto a la persona que el RICA 11 describe como sponsor o tutor en la fe. Lógicamente, la persona ideal debe ajustarse a los mismos requisitos. Sin embargo, dado que ese papel termina antes del Rito de Elección, el sponsor o tutor en el RICA podría no cumplir con todos los parámetros del padrinazgo del RICA.

El testimonio del padrino o madrina al momento de la elección es esencial para discernir el progreso del catecúmeno. Su presencia en el bautismo es vital para ejercitar su ministerio.

Los candidatos bautizados que se preparan para la Recepción tienen tutores o sponsors, no padrinos. Los padrinos ayudan a los que necesitan el bautismo, y los candidatos pueden ya haberlos tenido. Algunos candidatos bautizados provienen de denominaciones que no emplean padrinos. Otros, sin embargo, reciben el servicio de los tutores o sponsors en el Rito de Recepción en la Plena Comunión de la Iglesia Católica.

28. ¿Qué es el Rito de Aceptación en el Orden de los Catecúmenos?

El Rito de Aceptación en el Orden de los Catecúmenos establece formalmente una relación entre el candidato solicitante y la Iglesia. Son los no bautizados quienes pueden ser aceptados en el Orden de los catecúmenos. Al ser catecúmenos comienzan a ser ya integrantes de la Iglesia. Si están comprometidos, pueden casarse por la Iglesia Católica (RICA, 47). Si mueren tienen derecho a recibir un funeral católico (canon 183), y la Iglesia los auxilia con su oración. En el Rito de Aceptación o Admisión, los catecúmenos pronuncian públicamente su intención y la Iglesia anuncia su primera recepción.

La ceremonia tiene varias partes (RICA, 48–68). Afuera, a las puertas de la iglesia, el que preside saluda a la asamblea y explica la ceremonia. Les pide a los candidatos sus nombres y que expliquen lo que le piden a la Iglesia de Dios. Luego, él da una breve catequesis y los catecúmenos formalmente aceptan el Evangelio por primera vez. El ministro entonces solicita el apoyo de los sponsors o tutores y de la asamblea. Los candidatos son luego signados con la cruz, primero en la frente y luego, si así se prefiere, en otras partes del cuerpo. Esta es una de las partes más memorables del Rito de Aceptación o Admisión. Quien preside ora por ellos, y desde ese momento, las rúbricas se refieren a ellos como "catecúmenos". Enseguida, el que preside los invita a pasar a la iglesia a escuchar la Palabra de Dios. Antes de iniciar las lecturas, el ministro explica la dignidad de la Palabra de Dios. Después de la homilía, los nuevos catecúmenos pueden recibir una Biblia o un librito de bolsillo que contenga los Evangelios. La comunidad ora por ellos y los despide para que vayan a meditar en la palabra y el rito. Si este ha ocurrido en una misa, la asamblea de los fieles se queda en el lugar celebrando la Eucaristía.

Puede haber adaptaciones de este rito y de otros (consulte la Introducción General, 34–35; RICA, 35).

29. ¿Qué es el Rito de Recepción?

El Rito de Recepción de los Candidatos es una adaptación del Rito de Aceptación, apropiado para los candidatos bautizados que se preparan para el Rito de Recepción, la confirmación (si conviene), y la primera participación en la Eucaristía (RICA, 411). Fue diseñado para católicos bautizados válidamente, pero sin catequesis, y se permite para quienes tienen "relativamente poca educación cristiana" (ENC, 31). No está diseñado para candidatos bautizados "que han vivido como cristianos" (ENC, 31).

El Rito de Recepción para los candidatos es un rito opcional creado para usarse en los Estados Unidos. El Rito de Aceptación o Admisión en el Orden de los Catecúmenos, por otra parte, es parte de la liturgia universal de la Iglesia y es "de gran importancia" (RICA, 41).

El rito de Recepción se parece al de Aceptación. Se recibe a los candidatos en la iglesia, donde se encuentren entre la asamblea. Dicen sus nombres y externan lo que le piden a la Iglesia. Luego declaran su intención de prepararse para la confirmación y la Eucaristía. Enseguida, los tutores en la fe o sponsors y la asamblea expresan su apoyo. Se signa a los candidatos con la cruz como recuerdo de su bautismo y son fortalecidos con la oración de la comunidad.

Si el grupo que se prepara para estos sacramentos en su parroquia está formado con candidatos bautizados y no bautizados, usted puede seguir un Rito combinado de Aceptación y Recepción (RICA, 505–529). Se trata de una adaptación creada para usarse en los Estados Unidos. También es opcional.

30. ¿Cuándo deben realizarse los Ritos de Aceptación y de Recepción?

Las ceremonias se realizan durante la celebración de la Eucaristía dominical, cuando fieles de la comunidad están presentes. Se puede celebrar en cualquier tiempo y varias veces durante el año, siempre que los candidatos al bautismo y al Rito de Recepción estén listos para iniciar esta etapa de su camino espiritual (RICA, 18.3, 44, 45, 414).

Para los niños en edad catequética, el Rito de Aceptación puede celebrarse en una pequeña reunión con familiares y amigos, fuera de la Eucaristía (RICA, 260–261). Sin embargo, si los niños no se atemorizan ante una asamblea dominical, no hay razón para evitar celebrarlo en una misa regular del fin de semana.

31. ¿Por qué inicia en la puerta de la iglesia el Rito de Aceptación?

El Rito de Aceptación o Admisión inicia a las puertas de la iglesia para preservar una costumbre que se remonta hasta la Edad Media. Quienes ingresaban al catecumenado comenzaban este ritual fuera de la iglesia para significar mejor su paso del exterior al interior de la comunidad de creyentes. Aunque el rito puede celebrarse en otra parte (RICA, 48), en la escuela o en un área neutral, por ejemplo, la iglesia parroquial, normalmente, será la mejor locación.

Cruzar el umbral puede leerse simbólicamente en el relato del bautismo de Cornelio de los Hechos de los Apóstoles. La primera conversación con Cornelio se da fuera de la casa. Luego cruzan la puerta para comenzar a discernir la fe y la catequesis (10:27).

Un grupo de fieles se reúne con los candidatos y los tutores o sponsors fuera de la iglesia (RICA, 48). Si celebra este rito en su parroquia, usted puede invitar a otras personas a reunirse allí antes de iniciar la liturgia. O bien, congregados los fieles en asamblea, puede invitarlos a salir a las puertas de la iglesia, como un solo cuerpo, a recibir a los no bautizados. Hay que cuidar la logística: espacio para toda la asamblea, visibilidad de la ceremonia, buen sonido para que se escuchen bien los diálogos, y músicos que guíen el canto durante la procesión, por ejemplo. La misma presencia de los fieles en esta parte del rito expresa su interés y el apoyo espiritual que brindan con la oración a los que buscan el bautismo.

El Rito de Recepción no inicia a la puerta de la iglesia porque los que son recibidos ya han sido bautizados. Más bien, los candidatos son colocados "en un lugar destacado entre los fieles" (RICA, 416). La diferencia con el comienzo de los Ritos de Aceptación y de Recepción es muy sutil, pero demuestra nuestra convicción sobre el bautismo que compartimos con otras iglesias cristianas. En la adaptación para niños, igual que con los adultos, el rito puede hacerse en cualquier lugar adecuado. Si es la iglesia, la liturgia puede iniciar por fuera, a las puertas (RICA, 262, 269).

El simbolismo de la puerta se enriquece con esa distinción. Los no bautizados están iniciando una relación directa con la asamblea de fieles. Los bautizados ya comparten esa relación y no tienen que pasar o cruzar el umbral para establecerla.

32. ¿Qué deben responder los candidatos a la pregunta "¿Qué pides a la Iglesia de Dios?"?

A la pregunta, los candidatos pueden responder con sus propias palabras (RICA, 50, 418, 509). De ellas deriva la segunda pregunta.

Para los no bautizados, el ritual propone una respuesta simple a la pregunta de "¿Qué le piden a la Iglesia de Dios?": "La fe". Para los bautizados el ritual sugiere una respuesta descriptiva: "Ser aceptado como candidato para la instrucción catequética que prepara para la confirmación y a la Eucaristía (o: recepción en la plena comunión de la Iglesia Católica)".

Las preguntas pueden adaptarse. Por ejemplo, el celebrante puede preguntar: "¿Qué quieres?" o "¿Para qué has venido?", u otra pregunta que facilite una respuesta de corazón.

Luego, el celebrante puede proseguir con otra pregunta como esta: "¿Qué te da la fe?". El candidato no bautizado puede responder: "La vida eterna", o algo semejante.

El Rito de Recepción no sugiere una segunda pregunta para el candidato bautizado (RICA, 418), pero aparece una en los ritos combinados de Aceptación y Recepción (RICA, 509). Quien preside pregunta: "¿Qué te ofrece este tiempo de formación?". El candidato puede responder: "El participar más de lleno en la vida de la Iglesia".

En el Rito de Aceptación o Admisión para los niños en edad catequética, se propone una serie alternativa de preguntas (RICA, 264). Se busca que los niños se comprometan al nivel de su comprensión y desarrollo moral. Esas preguntas, que inician con la de "¿Qué quieres llegar a ser?", están influenciadas por versiones previas del rito para convertirse en catecúmeno. Esas preguntas pueden igualmente adaptarse en el rito de adultos.

Muchas comunidades invitan a los candidatos a escribir respuestas más elaboradas. Para esto, los candidatos pueden dedicar un buen tiempo de alguna sesión del precatecumenado para meditar sobre este asunto o hacerlo en un día de retiro. Usted puede preguntarles: "¿Qué le piden a la Iglesia al dar este paso?". Deles tiempo para escribir su respuesta a lo largo de uno o varios días, para que conversen con su tutor o sponsor, o lo conversen con los miembros del equipo de RICA. Si en la liturgia se les van a hacer dos preguntas, haga que preparen sus respuestas en dos partes.

Al momento de la liturgia, los candidatos no deberán leer un ensayo completo, sino que bastará con que digan un par de oraciones que manifiesten a la asamblea lo que piden. Si han estado pensando en las preguntas, sus respuestas estarán llenas de sentido. Los fieles necesitan escuchar lo que los candidatos esperan de ellos. El tiempo que se dedique a formular esta respuesta antes de la liturgia va a redituarle mucha importancia a la celebración.

33. ¿Qué es la primera aceptación del Evangelio?

La primera aceptación del Evangelio es la primera declaración pública de los candidatos no bautizados de su intención de seguir a Cristo. Los candidatos bautizados, porque ya han aceptado el Evangelio, en su lugar, declaran su intención de continuar siguiéndolo (RICA, 419).

El que preside al solicitar esta afirmación debe formular la cuestión a tono con la respuesta que el candidato dio a la pregunta. "¿Qué le pides a la Iglesia de Dios?". A partir de la respuesta, el que preside puede proclamar algún aspecto del misterio de Cristo, citar algún texto de la Escritura, clarificar algún punto de la catequesis, para luego invitar al candidato a declarar su disposición para aceptar el Evangelio y sus implicaciones. Ejemplos de tal declaración de parte del presidente se encuentran en el texto ritual (RICA, 52, 511).

El que preside debe explicar el propósito de dicha declaración. Debe proclamar el misterio de Cristo. Debe relacionar este misterio con los deseos de los candidatos. Debe invitar a que los candidatos hagan dicha declaración.

Al adaptar el rito para niños, el que preside puede ofrecer una breve catequesis e invita a los niños a repetir las palabras de Cristo como un signo de su asentimiento: "Amarás a Dios con todo tu corazón. Ámense los unos a los otros como yo los he amado a ustedes (RICA, 264).

Hay comunidades que han hecho adaptaciones rituales a esta parte de rito. Por ejemplo, el que porta la cruz o crucífero se coloca frente a los candidatos. El presidente toma las manos del candidato entre las suyas para colocarlas sobre la cruz, mientras se dirige a cada uno para recibir el asentimiento. El gesto puede unir la aceptación del Evangelio y la aceptación de la cruz.

Antes de proseguir, el presidente asegura el apoyo en oración y testimonio de los tutores o sponsors, de los padres (en el caso de los niños), y de toda la comunidad (RICA, 53, 265, 420, 513).

34. ¿Por qué se hace la señal de la cruz en los candidatos?

En el Rito de Aceptación o Admisión y el Rito de Recepción, una vez que los candidatos expresan su deseo de seguir el Evangelio, son signados con la cruz (RICA, 54, 266, 421, 514). En el caso de candidatos sin bautizar, ellos reciben la cruz por vez primera como signo de que han sido marcados con Cristo, "herrados", como ovejas del rebaño divino. Si se trata de candidatos bautizados, reciben la cruz en recuerdo de su bautismo.

Los cristianos se han signado ellos mismos con la cruz desde los primeros tiempos de la Iglesia; se convirtió en un medio de identificación y santificación. Signarnos nos recuerda que estamos consagrados para nuestro ministerio y vida. Signar a los que se convierten en catecúmenos ha sido parte de nuestra historia desde la Iglesia primera.

En los Ritos de Aceptación y de Recepción, hay varias opciones para la signación. El presidente signa la frente, y luego, él o los tutores o sponsors trazan las otras cruces. Se puede signar solo la frente, o varios de los sentidos también. Después de cada signación, la asamblea puede cantar una aclamación. El compromiso de los tutores o sponsors y de la asamblea en este ritual debe mostrar su participación en la formación de catecúmenos y candidatos. Algunas comunidades trasladan la liturgia hacia adentro justo antes de las signaciones, de modo que la asamblea pueda ver y oír fácilmente, pero el ritual visualiza que se desarrolle afuera, si participan interesados sin bautizar.

Para distinguir pastoralmente entre los dos grupos en el rito combinado, el número de cruces trazadas en los candidatos pueden ser menor en número a las trazadas en los que no están bautizados.

Después de las signaciones, el Rito de Aceptación refiere a los candidatos sin bautizar como "catecúmenos" por primera vez. Este ritual los acepta en el orden, o comunidad de catecúmenos en la iglesia.

35. ¿Por qué la invitación a la celebración de la Palabra de Dios aparece en el Rito de Aceptación, pero no en el Rito de Recepción?

Después de las signaciones durante el Rito de Aceptación o Admisión, el que preside invita a los catecúmenos al interior de la iglesia a escuchar la Palabra de Dios (RICA, 60, 269). La invitación se omite en el Rito de Recepción.

Mediante las signaciones del Rito de Aceptación, los nuevos catecúmenos entran en una relación formal con los demás fieles bautizados. El ministro los invita a ingresar a la iglesia por vez primera como catecúmenos. Allí, su primera experiencia es escuchar la Palabra de Dios.

Con la invitación a la palabra se simboliza el comienzo formal de la catequesis arraigada en las Sagradas Escrituras. La Palabra de Dios proveerá el fundamento de la catequesis a medida que los catecúmenos las van escuchando proclamadas cada domingo. Antes del Concilio Vaticano II, solíamos llamar a la primera parte de la Eucaristía "la misa de los catecúmenos". En la Iglesia primitiva, los catecúmenos se unían a los fieles en torno a las Escrituras, y todos, los bautizados y los que se preparaban para el bautismo, festejamos a la mesa de la Palabra de Dios.

En la Edad Media, los catecúmenos recibían una presentación formal a los cuatro evangelios como parte de su preparación al bautismo.

Los diáconos portaban los evangelios en medio de incienso y velas, en una procesión en la iglesia. Ellos proclamaban las primeras palabras de cada evangelio y el presidente explicaba brevemente el contenido de los libros. El catecumenado actual ya no incluye este ritual, pero un vestigio de este aparece aquí, en la invitación simple a los catecúmenos a escuchar la Palabra de Dios.

En el caso de candidatos bautizados, el Rito de Recepción o Admisión no los invita formalmente a escuchar la palabra. Suponemos que los bautizados ya se han comprometido con Cristo y han estado escuchando su palabra y dejándose transformar por ella. Además, la recepción comienza dentro de la iglesia y no necesita procesión en este punto. Por eso, el que preside omite la invitación formal a escuchar la palabra, pero explica la dignidad de la palabra tal como es proclamada en la asamblea del pueblo de Dios (RICA, 425). Esta explicación también se da en el Rito de Aceptación una vez que los catequistas han ocupado su lugar en la asamblea de los fieles (RICA, 61).

Cuando se celebran los Ritos de Aceptación y de Recepción combinados, la liturgia comienza al aire libre, y ambos grupos escuchan la invitación a escuchar la Palabra de Dios (RICA, 521). Si bien esto simplifica la liturgia, desdibuja la distinción entre catecúmenos y candidatos. Si su comunidad tiene interesados no bautizados y bautizados, a la vez, hay otras opciones. Usted puede celebrar con los dos grupos en dos misas separadas del mismo fin de semana, o en dos ocasiones completamente diferentes. Usted puede también omitir por completo la Recepción de bautizados, porque es un rito opcional.

36. ¿Por qué los catecúmenos reciben un libro que contiene los evangelios o una cruz?

Antes de las lecturas en el Rito de Aceptación, a los catecúmenos se les puede dar una cruz (RICA, 59). Después de la homilía, se les puede dar una Biblia o un libro que contenga los evangelios (RICA, 64). Estos dones significan su aceptación del Evangelio y la cruz de Cristo. Las ceremonias son opcionales.

Los candidatos bautizados pueden recibir una Biblia o un libro de los evangelios en el Rito de Recepción (RICA, 428). La liturgia no sugiere obsequiar una cruz. El significado de este matiz no está claro. La opción de presentar una cruz física a los catecúmenos fortalecería el símbolo de haber sido signados (RICA, 74). Omitir esta presentación probablemente implica que los bautizados ya la han aceptado. Sin embargo, pueden recibir el gesto de una cruz en las signaciones durante el Rito de Recepción. Además, si la liturgia asume que los bautizados están familiarizados con la cruz, también podría asumir su familiaridad con los evangelios. Sin embargo, se puede presentar a los candidatos un Libro de los Evangelios, como un regalo ritual.

La adaptación para niños sugiere solo un libro que contiene los evangelios (RICA, 273). Nunca menciona entregar una cruz. En algunos casos, sin embargo, puede ser apropiado y valorado.

Cuando se combinan los ritos, se puede dar cualquiera de los regalos (RICA, 525). Nuevamente, esto fusiona a los catecúmenos y los candidatos, pero en este caso, la distinción se hace más difícil de defender porque ambos grupos pueden recibir las signaciones. Si la parroquia desea hacer una distinción, cabe considerar presentar libros de los evangelios a todos, y cruces solo a los catecúmenos.

Al presentar el libro, el que preside puede decir algo apropiado como: "Recibe el Evangelio de Jesucristo, el Hijo de Dios". Los catecúmenos y los candidatos pueden responder como gusten.

Varias opciones existen aquí. Algunas comunidades tienen al director del catecumenado o un catequista para hacer la presentación (RICA, 16). Algunas parroquias dan un libro físico, uno que puede usarse a lo largo de toda la formación. Todo esto puede hacerse en silencio. O el que se presenta puede elegir palabras que se ajusten a las respuestas del diálogo inicial: "¿Qué le pides a la Iglesia de Dios?". Pueden decir, por ejemplo: "Recibe la palabra de Dios, que guiará tu búsqueda de fe". A lo que catecúmenos y candidatos pueden responder con un gesto o con palabras como "Demos gracias a Dios". Otras parroquias presentan el Leccionario a los catecúmenos y candidatos para que lo besen, toquen o veneren inclinando la cabeza. Algunas les presentan una cruz (para portarla, llevar alrededor del cuello, o como pin en la solapa) diciendo, por ejemplo: "Recibe la cruz de nuestro Señor Jesucristo en quien encontrarás vida". Los catecúmenos y los candidatos pueden responder con palabras o con un gesto, o pueden no responder.

Hay que insistir en que todos estos regalos son opcionales. Ambos regalos, el libro de los evangelios y la cruz, son particularmente importantes para los que verdaderamente aceptan a Cristo por primera vez en su vida. Aquellos que no están familiarizados con la Biblia, aquellos que nunca han tenido una Biblia y aquellos que nunca han mantenido una cruz en sus hogares encontrarán en estos regalos una puerta importante a la piedad católica y al estilo de vida cristiano.

37. ¿Por qué despedimos a los catecúmenos durante la misa?

Despedimos a los catecúmenos en misa porque ellos aún no pueden participar de la Eucaristía (RICA, 75.3).

La costumbre de despedir a los catecúmenos antes la Eucaristía inició desde el tiempo de la Iglesia primitiva. Entonces, había muchas religiones paganas que tenían sus elementos secretos; solo a sus adeptos se les permitía participar en esos cultos. El cristianismo no fue la excepción. Solo los bautizados podían celebrar la Eucaristía. Quienes se estaban formando para el bautismo asistían a la primera parte de la celebración, en la que podían participar plenamente. Luego se les despedía, en tanto que los bautizados se quedaban celebrando la Eucaristía.

La práctica expresaba el papel de los fieles. La Eucaristía dependía de su participación. Si la liturgia permitiera espectadores, cualquiera podría asistir a la celebración. Pero eran los fieles quienes proclamaban el Credo, los que ofrecían las oraciones, los que hacían el sacrificio, los que llamaban a Dios su Padre, los que intercambiaron el beso de la paz, los que compartían la Eucaristía y eran los fieles los que eran despedidos como un solo cuerpo para dar testimonio de Cristo. Solo ellos permanecieron para la Eucaristía, no como espectadores sino como participantes en el ministerio.

Hoy día, es mucho más abierto asistir a la Eucaristía. Si vienen visitantes a la celebración, generalmente los admitimos, sin importar su fe. La Eucaristía ya no es un secreto; millones de personas pueden verla por televisión o internet.

Por lo mencionado, a muchas personas les parece grosero que se despida a los catecúmenos. "Si otros no se van–razonan–seguramente los catecúmenos deberían quedarse". Pero el énfasis no recae en el "despido de", sino en el "despido para". No es tanto que los catecúmenos sean despedidos de la liturgia cuanto que se les despide para una sesión catequética. Este despido tiene un propósito bien determinado. La experiencia pastoral enseña que los catecúmenos agradecen el tiempo adicional para reflexionar en la palabra y valoran el apoyo y la oración de la comunidad cuando salen.

Las despedidas de la liturgia romana están diseñadas para poner orden en la celebración y definir la vocación de los participantes. La despedida dominical de los niños de la Liturgia de la Palabra les permite escuchar las lecturas proclamadas y predicadas a un nivel más comprensible y atractivo. La despedida de la asamblea al final de la misa envía a los fieles al mundo. Despedir a los catecúmenos les da la ocasión para ir a reflexionar sobre la palabra y preparar sus corazones para participar plenamente en los sacramentos.

38. ¿Se debe despedir a los candidatos en la misa?

El rito nunca exige que se despida a los candidatos bautizados de la Eucaristía. Sin embargo, en la práctica, muchas parroquias los despiden.

En el texto ritual esa despedida nunca aparece, porque ellos están con los demás bautizados, que participan en la oración de la segunda mitad de la misa. Los bautizados ya han profesado el Credo, y hacen la oración "de los fieles", se cuentan entre las hermanas y hermanos que oran "Padre Nuestro", e intercambian la señal de la paz cristiana. Sin embargo, debido a que ellos están fuera de la plena comunión de la Iglesia Católica, todavía no participan de la Eucaristía.

Muchos candidatos prefieren ser despedidos con los catecúmenos, ya que aún no pueden participar en la Comunión con los fieles católicos. Sin embargo, al permanecer con la comunidad de los fieles, cumplen el propósito de unirse a la oración del Cuerpo de Cristo.

39. ¿Cómo se hace la despedida?

Normalmente, la despedida se hace terminada la homilía de la misa. El celebrante dice algo así: "Catecúmenos, vayan en paz, y que el Señor los acompañe siempre" (RICA, 67).

El ritual le asigna al presidente esa disposición, pero en la Iglesia primitiva era uno de los deberes de los diáconos. En algunas parroquias los diáconos despiden a los catecúmenos, como despiden a los fieles al término del servicio litúrgico (ver RICA, 15).

Antes de la despedida, los catecúmenos pueden pasar al frente y el que preside la celebración puede hacer una oración de exorcismo o una bendición (RICA, 94 o 96).

La despedida debe hacerse con reverencia y con respeto. El presidente o el diácono puede llamar a los catecúmenos antes de dirigirse a ellos. Un catequista (que ha de participar en otra celebración completa de la misa) puede guiar a los catecúmenos fuera de la iglesia. El catequista puede llevar el Libro de los Evangelios como lo hace el diácono o el lector en la procesión de entrada. Algunas comunidades apoyan a los catecúmenos que salen, cantando un estribillo apropiado. El que dirige a los catecúmenos los puede conducir a una sala aparte donde comienzan su sesión catequética del día. Terminada la Eucaristía, los tutores o sponsors pueden unirse a los catecúmenos y al catequista

40. ¿Qué es la catequesis?

La catequesis es la realización del mandato de Jesús de enseñar a todos los pueblos. Sigue a la proclamación inicial y recepción de la palabra y cultiva la fe para formar un creyente del Evangelio de Jesucristo. El *Directorio General para la Catequesis* (Congregación del Clero, 1997) explica completamente su propósito.

La catequesis puede adoptar muchas formas. Ella educa en el Evangelio, de manera que moldea el corazón para conformarlo a Cristo. Se realiza en el culto cristiano, con la comunidad y el ministro, cuando aquellos que han escuchado el Evangelio lo ponen en acción.

En la etapa del catecumenado, los catecúmenos se forman de cuatro maneras:

- Recibiendo la catequesis adecuada, gradual y completa, acomodada al año litúrgico.
- Familiarizándose con el modo de vivir cristianamente.
- Participando en los oportunos ritos litúrgicos.
- Cooperando en la evangelización (RICA, 75).

Esta cuádruple educación cristiana describe también los cuatro pilares que sostienen la vida cristiana: la catequesis, la comunidad, el culto y la misión. Son pilares catequéticos, en cierta manera, aunque al primero se le llama propiamente "catequesis".

41. ¿Cuándo debe hacerse la catequesis?

La catequesis para catecúmenos debe hacerse regularmente a lo largo de esa etapa de su formación. Usualmente, las parroquias parecen adoptar uno de los dos modelos siguientes.

En el primero, los catecúmenos son despedidos de la Eucaristía para una sesión catequética. Dedican una buena parte de su domingo en educarse en la Palabra de Dios recién proclamada a toda la asamblea.

Inician con una reflexión espiritual de las Escrituras y la homilía. Luego reciben catequesis adicional sobre la Iglesia, según propicien las lecturas escuchadas.

En el segundo modelo, los catecúmenos son despedidos de la Eucaristía para meditar en las Escrituras por un buen tiempo y luego enviados a casa. Luego regresan en la semana (durante la tarde o noche, según convenga) para una sesión catequética aparte.

En cualquiera de los casos, los tutores o sponsors, generalmente asisten a la segunda parte, de manera que pueden ayudar a los catecúmenos a que integren mejor la catequesis en sus vidas.

La expresión "catequesis del leccionario" o "catequesis basada en el leccionario" se refiere a la manera de enraizar la catequesis en las Escrituras propias del tiempo litúrgico. Responde a la solicitud de que la catequesis vaya "acomodada al año litúrgico" (RICA, 75.1). Cumple el deseo del papa Pablo VI, de que todos los fieles consideren la Sagrada Escritura "una fuente perenne de vida espiritual, un instrumento de incomparable valor para la enseñanza del mensaje cristiano y... un compendio sustancial de formación teológica" (Constitución apostólica para el *Misal Romano*, 1969). La catequesis del leccionario trata temas como el perdón, la salvación y la ética conforme sugieren las Escrituras del día y el año litúrgico. En lugar de comenzar en la página uno de un texto catequético, el catequista comienza con las Escrituras. Así, la catequesis camina con el año litúrgico que "descubre todo el misterio de Cristo" (*Constitución sobre la sagrada liturgia*, 102).

Cuando prepara una sesión, el catequista debe examinar el leccionario, las necesidades de los catecúmenos y las necesidades de la Iglesia. El leccionario puede invitar a varios temas. La selección de uno o más dependerá de los otros factores. Estos catecúmenos en particular pueden necesitar más tiempo para meditar en el perdón, mientras que los del año pasado necesitaban dedicar más tiempo a la Eucaristía, por ejemplo. Además, la Iglesia pide que la catequesis sea gradual y completa (RICA, 75.1). Entonces, si el grupo aún no ha explorado algunas dimensiones importantes de la fe, las necesidades de la Iglesia pueden impulsar otro tema a desarrollar.

42. ¿Quién guía la catequesis?

La catequesis puede ser guiada por un sacerdote, un diácono o un catequista (RICA, 16, 76). De hecho, un catequista conduce a los catecúmenos desde la iglesia hasta el lugar de la catequesis.

Los catequistas deben recibir la formación adecuada, y por los medios dispuestos por la diócesis o la parroquia. Para ser catequista usted no tiene que conocer todas las cosas. Sin embargo, debe querer indagar lo que no conozca. Pasados algunos años en este servicio, usted se sorprenderá de todo lo que es capaz de compartir con quienes buscan una relación más profunda con Cristo Jesús.

43. ¿Cómo debe ser una sesión catequética?

Una sesión catequética probablemente debería tener tres componentes principales: una meditación sobre la palabra, formación catequética y la experiencia de oración. Puede incluir también algún servicio o elementos que cultiven el sentido de comunidad.

Inmediatamente después de la despedida, el grupo puede reunirse, pero en algunas comunidades esto no es práctico. Por ejemplo, en una parroquia que solo tiene una misa de fin de semana, el catequista no podrá asistir otra celebración Si el catequista debe permanecer con la asamblea de fieles para la Eucaristía en la que se despide a los catecúmenos, los catecúmenos pueden comenzar este proceso por su cuenta. O puede reunirse con el catequista después de la Eucaristía o incluso en otro día.

El catequista podrá guiar la reflexión de la palabra. Alguien puede proclamar una lectura o más de las Escrituras. El grupo puede cantar el refrán del salmo responsorial. Luego inicia la conversación sobre lo que los catecúmenos escucharon en las lecturas y en la homilía. Pueden hacer preguntas o compartir alguna intuición. Ante todo, esta parte de la sesión permite que la Palabra de Dios penetre a los catecúmenos y les afiance la fe.

Los tutores o sponsors pueden unirse al grupo para la segunda parte. El catequista conduce una sesión que amplifica la comprensión de los catecúmenos. Esta etapa debe procurar una catequesis gradual y completa (RICA, 75.1).

La sesión debe incluir oración. Puede hacerse en cualquier momento y bajo cualquier forma. En esta etapa, los ritos de la Iglesia purificarán y fortalecerán a los catecúmenos (RICA, 75.3).

A veces el grupo puede decidir llevar a cabo alguna acción de servicio motivada por la caridad cristiana. Quizá quieran compartir algunos aperitivos y pasar un rato ameno, guardando siempre el espíritu cristiano de gozo y apoyo mutuo (RICA, 75.2 y 4).

Este es un ejemplo de cómo sería la mañana del domingo:
- 9:00   Liturgia de la Palabra con los fieles reunidos para la misa
- 9:30   Despedida de catecúmenos para meditar sobre la palabra
- 10:00 Sesión catequética con tutores o sponsors, tiempo para orar
- 11:00 Salida

44. ¿Cuáles son los ritos menores?

Los ritos menores son oraciones rituales adecuadas a la etapa del catecumenado (RICA, 79). Generalmente, se tienen en una celebración de la palabra. Pueden incluir oraciones de exorcismo, bendiciones y la unción de los catecúmenos. Se les llama "menores" porque no están diseñados para realizarlos en la misa dominical, sino para otras ocasiones, por ejemplo, después de una sesión de catequesis o en un día de entresemana.

Las Entregas del Credo y de la Oración del Señor, así como el Rito de Effetá, son ceremonias que tienen lugar durante la etapa de purificación e iluminación, pueden también anticiparse y trasladarse a esta etapa. Los autores del catecumenado escucharon las inquietudes de que esta etapa formativa tenía muy pocos rituales y que la siguiente etapa (purificación e iluminación) tenía demasiados. Por esa razón se permite celebrar las presentaciones antes. Su significado completo, sin embargo, se verá más claramente si ocurren cerca del bautismo.

45. ¿Qué son las Celebraciones de la Palabra?

Las Celebraciones de la Palabra son experiencias de oración para los catecúmenos, basadas en las lecturas de las Escrituras (RICA, 81). Dichas experiencias mantienen el espíritu del tiempo litúrgico y fomentan la experiencia de los catecúmenos en la liturgia cristiana. Hay catecúmenos que necesitan más experiencia con la palabra incluso antes de acudir a la primera parte de la misa; algunas formas de las celebraciones de la palabra buscan apoyarlos (RICA, 82–83). Si los catecúmenos no se reúnen con la asamblea dominical para la Liturgia de la Palabra, deben reunirse el domingo para que comiencen a comprender la importancia de este día cristiano.

En una modalidad, estas celebraciones son eventos especialmente para catecúmenos. En tal caso, la celebración de la palabra se realiza fuera de la misa dominical, y algunos miembros de la feligresía pueden unirse en oración.

En otra forma, la celebración de la palabra es la Liturgia de la Palabra dentro de la misa. En tal caso, los catecúmenos que participan en la primera parte de la misa dominical están participando en una celebración de la palabra como lo prevé la etapa del catecumenado.

En una tercera modalidad, una celebración de la palabra puede agregarse a una instrucción catequética. Así, la sesión catequética se refuerza con un tiempo formal de oración (RICA, 84). La celebración de la palabra puede hacerse así: Un canto puede abrir la oración. Le siguen las lecturas, salmos y una homilía. Algún otro rito puede concluir la reunión, una bendición, por ejemplo (RICA, 85–89).

46. ¿Qué es un exorcismo?

Un exorcismo es una petición de liberación del poder del mal. En la liturgia católica romana, los exorcismos aparecen en tres formas diferentes.

La más infame forma de exorcismo tiene que ver con los raros casos en los que se sospecha una posesión personal del demonio. Se les llama "exorcismos mayores". El rito de exorcismo mayor invoca el poder triunfante de Jesús para quebrantar el dominio de Satanás. El ritual incluye improperios dirigidos al diablo, ordenándole salir. Este tipo de exorcismo ha recibido mucha atención en los medios de divulgación, pero se usa poco. Hoy en día, muchos casos que se creían posesiones demoníacas son atribuibles a enfermedades físicas o psicológicas, para los que hay otros métodos de sanación

Hay otras dos formas de exorcismo que se usan con mayor frecuencia en la Iglesia: "exorcismos menores" y "exorcismos". Entre los servicios de oración adecuados a los catecúmenos están las liturgias de la palabra que incluyen un exorcismo menor (RICA, 90). Ellas no implican que el catecúmeno sufre una posesión demoníaca personal. Simplemente, reconocen su estado pre-bautismal. En tal estado, antes de que catecúmeno reciba la gracia santificante de Cristo en el bautismo, es más vulnerable a las actitudes, opiniones, conductas y poderes del malhechor. Exorcismos menores son oraciones que se dirigen a Dios, no imprecaciones dirigidas al diablo. Buscan liberar al catecúmeno del error, del pecado, de cualquier obstáculo que le impida aceptar a Cristo.

Los exorcismos se realizan durante los escrutinios. Cumplen la función de exorcismos menores: suplican a dios que los que se preparan al bautismo sean liberados del espíritu del diablo y se llenen del Espíritu de Cristo.

Un eco de los exorcismos se conserva en el rito del bautismo de infantes. El exorcismo que precede al bautismo deriva del escrutinio.

47. ¿Quién puede hacer un exorcismo?

Un sacerdote, un diácono o un catequista calificado, designado por el obispo, pueden hacer exorcismos menores (RICA, 12, 16, 91). Los catequistas laicos, por ende, pueden realizar exorcismos menores, pero la liturgia contempla que el obispo los designe para esa tarea.

Se puede hacer un exorcismo menor al final de la sesión catequética o incluso privadamente a catecúmenos individuales que tengan especial necesidad de él (RICA, 92). El sacerdote puede realizar uno sobre los catecúmenos en misa, después de la homilía, sean ellos despedidos o no de la asamblea en esa ocasión. El que guía la oración extiende sus manos sobre los catecúmenos (RICA, 94).

Los exorcismos durante los escrutinios, sin embargo, solo pueden ser ejecutados por un sacerdote o un diácono (RICA, 145).

48. ¿Qué son las bendiciones de los catecúmenos?

Las bendiciones de los catecúmenos son oraciones para alcanzar valor, alegría y paz (RICA, 95–97). Las administra un sacerdote, un diácono o un catequista calificado designado por el obispo. Si los exorcismos suplican por la eliminación de influencias negativas, las bendiciones imploran la llegada de las influencias positivas.

Las bendiciones pueden impartirse en una celebración de la palabra. El que preside extiende las manos sobre el grupo de catecúmenos y también puede imponer las manos individualmente. La imposición de las manos y el tono de las oraciones ayudan a distinguirlas de los exorcismos. Las bendiciones se pueden hacer al final de una sesión catequética, dentro de una celebración de la palabra o después de la homilía, en la misa.

49. ¿Cuándo podemos usar el aceite de catecúmenos?

En la etapa del catecumenado, el aceite de catecúmenos se puede usar en cualquier momento. Se puede administrar en una celebración de la palabra, como parte de una sesión catequética, o después de la homilía en la misa (RICA, 98–103).

Conforme a la tradición de la iglesia, la ceremonia es presidida por un sacerdote o un diácono. Unge al catecúmeno en el pecho, en ambas manos o en otras partes del cuerpo. En la Iglesia primitiva, el ministro ungía todo el cuerpo de los catecúmenos desnudos. Hoy, por motivo del decoro, ungimos solo parte del cuerpo.

El ritual simboliza la necesidad que tienen los catecúmenos de la ayuda y la fuerza de Dios. Es una situación similar al exorcismo. Muestra nuestro deseo de proteger el catecúmeno del mal, ya que a veces usamos aceite en la vida diaria para protegernos de lesiones.

Cada año, el obispo bendice el aceite de catecúmenos en la misa crismal. Cuando se agota, un sacerdote puede bendecir el aceite dentro de este rito. La tradición exige aceite de oliva, pero cualquier aceite vegetal puede ser bendecido (canon 847.1).

Se puede ungir a los catecúmenos más de una vez (100). A lo largo del catecumenado, si parece propio hacer varias unciones, el sacerdote o diácono puede hacerlas en uno o más de los catecúmenos.

El *Misal Romano* (48) indica otras dos ocasiones para ungirnos con el aceite de catecúmenos: los ritos preparatorios del Sábado Santo y justo antes de los bautismos en la Vigilia Pascual. Sin embargo, en los Estados Unidos, la conferencia de obispos aprobó la omisión del aceite de catecúmenos en esas ocasiones (RICA, 33.7).

50. ¿Por qué la etapa de purificación e iluminación coincide con la Cuaresma?

La etapa de purificación e iluminación usualmente coincide con la Cuaresma porque en este tiempo, los catecúmenos hacen su preparación final para el bautismo en la Pascua (RICA, 138–139).

El nombre de esta etapa explica su significado. Los catecúmenos se preparan espiritualmente: purifican su vida e iluminan su corazón.

La Cuaresma, sin embargo, tiene un propósito doble. No solo prepara a los catecúmenos al bautismo; también prepara a los fieles a renovar su alianza con Cristo. El Concilio Vaticano II quiso restaurar este doble objetivo.

Muchos de los fieles conocen la Cuaresma como un tiempo de penitencia. Es el tiempo de negarse a sí mismo y de renovarse. La Cuaresma se originó como una etapa prebautismal de preparación para los catecúmenos, en la que los fieles los invitaban a unírseles en ejercicios espirituales de oración y ayuno. Cuando la participación de los catecúmenos menguó, en la Edad Media, continuaron los ejercicios espirituales para los fieles, dejando a la Iglesia una Cuaresma con penitencia, pero, normalmente, sin catecúmenos. Ahora aquel doble propósito ha vuelto. La purificación e iluminación coinciden con la Cuaresma para restaurar la preparación bautismal en su propio sitio.

PARTE 4:
Purificación e Iluminación

51. ¿Qué es la conversión?

La conversión es volver el corazón, la mente, el alma y las fuerzas hacia Cristo. Los catecúmenos experimentan la conversión cuando deciden dejar que su fe en Cristo guíe su vida. Eso cambia sus actitudes, su comprensión, su oración y sus comportamientos. El *Rito de la iniciación cristiana de adultos* supone que antes de llegar a ser catecúmenos, estos individuos llevaban vidas apartadas de Cristo. Al convertirse, colocan a Cristo en el centro de su vida, y al Evangelio como su guía para tomar sus decisiones.

La conversión se examina, se purifica e ilumina a lo largo de la Cuaresma. Apenas antes del bautismo, dicha conversión se ritualizará cuando el ministro les pida formalmente a los que vayan a ser bautizados, que renuncien a Satanás. Ellos pronuncian en voz alta su decisión de convertirse, abandonando su forma de vida anterior y entregando todo para seguir a Cristo.

52. ¿Qué es el discernimiento?

Llamamos discernimiento al proceso por el cual la comunidad sopesa la conversión de los catecúmenos. Antes de aceptar a alguien para el bautismo, la comunidad debe emitir su parecer sobre la preparación de ese individuo (RICA, 121). La conversión debe ser demostrable. La vida de los catecúmenos debe mostrar que el deseo de cambio ha echado raíces en ellos. Sus conductas, actitudes y opiniones pueden ser examinados para percibir la conversión de corazón. Incluso antes del Rito de Aceptación o Admisión, el equipo de catecumenado sopesa las indicaciones externas de las disposiciones internas (RICA, 43).

Con el derecho de juzgar a los catecúmenos surge nuestra responsabilidad. "La Iglesia juzga de su preparación y decide si pueden acercarse a los sacramentos de iniciación" (RICA, 119). En efecto, todos los involucrados en preparar a los catecúmenos, incluida la asamblea de los fieles, "después de considerar el asunto cuidadosamente, llegan a una decisión sobre el estado de formación y progreso de los catecúmenos" (RICA, 121). Por ser parte de los fieles, juzgamos la disposición de los que desean tener un lugar entre nosotros.

A algunas personas no les gusta la palabra "juzgar". Piense que, por ejemplo, usted juzga a una persona antes de comenzar a salir con ella, antes de contratarla para su empresa, antes de confiar en ella, antes de comprarle algo. Cierto, Jesús dijo: "No juzguen para no ser juzgados" (Mateo 7:1; Lucas 6:37; ver Juan 8:7). Pero él escogió cuidadosamente a sus doce apóstoles (ver Mateo 10:1; Marcos 3:14; y Lucas 6:13). Sería irresponsable de nuestra parte no hacernos un juicio elemental sobre el carácter de las personas que vamos conociendo.

Al final, el juicio es de Dios. Nosotros, la Iglesia, juzgamos con la fe de discernir la voluntad de Dios.

53. ¿Cómo saber si alguien ya está preparado para el bautismo?

Los catecúmenos están preparados para el bautismo si lo están para el Rito de Elección. Están aptos si han "pasado por una conversión de mente y de costumbres" y si tienen "suficiente conocimiento de la doctrina cristiana y sentimientos de fe y caridad" (RICA, 120). Ellos deben tener la intención de celebrar la iniciación cristiana.

La etapa de purificación e iluminación debe preparar espiritualmente a los que han sido llamados al bautismo. De aquí que el juicio sobre la preparación para el bautismo realmente se hace antes del Rito de Elección, no solo antes del bautismo. Las semanas finales de preparación no son momento para atiborrar a los catecúmenos con todo lo que les falta por aprender. Es más bien un tiempo de recogimiento y de recopilación para los que han conocido a Cristo, los que han experimentado la conversión, los que han demostrado conversión en espíritu y obras, y los que desean firmemente el bautismo.

Usted puede saber si los catecúmenos ya están aptos pues ya poseen todo esto antes del Rito de la Elección. Todos los involucrados en la preparación de los catecúmenos deliberan antes del Rito de Elección. También los catecúmenos pueden participar. La deliberación puede adoptar varias formas (RICA, 122), pero debe crear la oportunidad para que aquellos que conocen a los catecúmenos testifiquen sobre su progreso espiritual.

Al menos, el párroco debe consultar con los responsables de la formación de los catecúmenos. Ambos deben discutir el crecimiento espiritual de cada catecúmeno, uno por uno. También deben solicitar las opiniones de los tutores o sponsors y padrinos. Estas conversaciones se hacen en persona, pero cualquier medio de comunicación es mejor que ninguna. Discernir la aptitud es más que verificar la asistencia a las sesiones de catequesis. Hay que recabar información sobre la fe, el hablar y actuar de cada catecúmeno en la iglesia, en el hogar, en el trabajo y en el juego.

Si la deliberación arroja que los catecúmenos no están listos, podrán ser convocados al bautismo más adelante. Si usted cree que alguien debería recibir el bautismo en otro momento del año, fuera de la Vigilia Pascual, deberá obtener el permiso de su obispo antes de proceder (RICA, 331).

Las parroquias deben evitar aprobar automáticamente a todos los catecúmenos para el Rito de Elección, sin ningún discernimiento. Esta tendencia amenaza especialmente a las parroquias con una etapa fija para el catecumenado, por decir, desde principios de diciembre hasta el primer domingo de Cuaresma. El catecumenado no tiene extensión fija. Los que se encuentran en formación permanecen en formación hasta que estén aptos. Esto puede tomar más de unos pocos meses. Los obispos estadounidenses recomiendan que dure por lo menos un año (ENC, 6). Pero la etapa puede incluso tomar varios años (RICA, 7.2). Una parroquia consciente dispondrá de esta formación durante todo el año para quienes permanezcan en el catecumenado por un tiempo prolongado.

54. ¿Qué puede impedirle a alguien ser bautizado?

A veces, alguien puede no estar listo para ser bautizado. Un indicio importante es la disposición a profesar fe en los artículos del Credo. Si tienen serios problemas con alguna de las enseñanzas centrales de nuestra fe: que Dios es el Creador del mundo, que Jesús es el Hijo de Dios, que hay vida después de la muerte, por ejemplo, claramente no están listos para el bautismo. Otros elementos de nuestra fe son muy importantes, pero no están incluidos en el Credo: la creencia en la presencia real de Cristo en la Eucaristía, por ejemplo, y la creencia de que la Iglesia es el Cuerpo de Cristo. Si algún catecúmeno no puede afirmar estas creencias, no está listo para el bautismo, ni para el Rito de Elección.

Algunos pueden expresar vacilación sobre el sacramento de la reconciliación. Usted debe discernir si la perplejidad tiene que ver con la fe en el perdón de los pecados o con la forma de la reconciliación sacramental. Si niegan que el sacramento de la reconciliación cumple con la misión de perdón de la Iglesia, se trata de una dificultad algo más seria que la vergüenza de confesar los pecados propios a un sacerdote. A menudo, una buena atención pastoral puede ayudar a los catecúmenos a superar la incomodidad.

En ocasiones, hay problemas de comportamiento, especialmente en relación con la moral sexual de la Iglesia. Quizá tenga un catecúmeno que cohabita con una pareja o que ha entrado en un matrimonio gay. Aunque estos comportamientos están alejados de los elementos de fe profesados en el Credo, crean una disonancia con la práctica católica de nuestras creencias. Una vez más, la atención pastoral llevará a ese catecúmeno a una conversación franca sobre la disparidad entre sus acciones y la expectativa de la comunidad católica. Si a juicio del confesor local estas conductas excluyeran a tal individuo de recibir la Eucaristía, no será apropiado bautizarlo.

Habrá casos en los que los catecúmenos encuentran que no observan regularmente algunas devociones católicas; por ejemplo, la devoción a María y los santos, la oración carismática o la adoración del Santísimo Sacramento. Las posibles devociones entre los católicos son numerosas, y usted puede ayudar a los catecúmenos a comprender que algunos aspectos de la vida religiosa, que pueden ser muy "católicos" para los medios sociales, permiten un margen más libre de observancia. No tienes que rezar el rosario todos los días para ser un buen católico, aunque esta costumbre es digna de elogio. Más preocupante sería la reticencia para participar en la misa dominical.

55. ¿Puede hacerse la iniciación de adultos fuera de Cuaresma y Pascua?

En circunstancias excepcionales, la iniciación de adultos no bautizados puede hacerse fuera de la Cuaresma y Pascua en un rito completo (RICA, 26) o abreviado (RICA, 331–339). Debe obtenerse el permiso del obispo del lugar (RICA, 34.2 y 4), y los obispos de los Estados Unidos han solicitado que se limite el catecumenado abreviado (ENC, 20–21).

Los ejemplos de circunstancias extraordinarias incluyen enfermedad, vejez, cambio de residencia, ausencia prolongada por viaje (RICA, 332), o incluso una anulación inminente del vínculo matrimonial. Si un candidato para la iniciación en su comunidad enfrenta tal condición, puede obtener el permiso del obispo para celebrar la iniciación en otra ocasión. Contactar al obispo puede parecer extraño, pero este procedimiento enfatiza su papel como primer ministro del bautismo para su diócesis y la importancia de celebrar el bautismo de adultos en la Pascua.

El rito fuera de la Cuaresma y la Pascua tiene varias formas. Si la condición de la persona lo permite, "la estructura del rito en su totalidad, con sus debidos intervalos, debe quedar intacta" (RICA, 26). El Rito de Aceptación es seguido por un Rito de Elección seis semanas antes de una celebración dominical de los ritos de iniciación (RICA, 27–30). De no ser esto posible, se puede usar la forma abreviada de todo el rito (RICA, 340–369). Cuando el tiempo y las circunstancias lo permitan, este formulario se puede ampliar (RICA, 334). También se puede adaptar para personas en peligro de muerte (RICA, 370–399).

56. ¿Qué es el Rito de Envío?

El Rito de Envío es una ceremonia parroquial en la que se remite a los catecúmenos a la catedral para el Rito de Elección (RICA, 106–117). Es un rito opcional creado para usarlo en los Estados Unidos. Si el Rito de Elección se realiza en la parroquia, no hay Rito de Envío. El Rito de Envío se implementó para que los miembros de la comunidad local experimentaran algún aspecto del Rito de Elección, porque la ceremonia en la catedral generalmente puede albergar a muy pocos fieles de cada parroquia.

De acudir a la catedral para el Rito de Llamado a la Conversión Continua, los candidatos bautizados también pueden participar en un Rito de envío en la parroquia (RICA, 434–445). Las parroquias con catecúmenos y candidatos pueden celebrar un Rito de envío combinado (RICA, 530–546). Estas adaptaciones del Rito opcional de envío de catecúmenos para la elección son también opcionales.

Este simple rito se ejecuta después de la homilía de una misa dominical precediendo inmediatamente al Rito de Elección. Catecúmenos y candidatos se presentan a quien preside. Sus padrinos, que participan en un ritual por vez primera, y los tutores o sponsors dan testimonio en su nombre. En algunas parroquias se invita al testimonio abierto de otras personas de la asamblea. El que preside ora por ellos y los despide de la manera habitual.

57. ¿Qué es el Rito de Elección?

El Rito de Elección o Inscripción de los Nombres es la manera de reconocer que Dios eligió a los catecúmenos para ser iniciados en la fe de la Iglesia (RICA, 118–119). Suele celebrarse en el Primer Domingo de Cuaresma, concluye la etapa del catecumenado e inicia la preparación próxima para el bautismo en la Pascua. A partir de este rito, los catecúmenos son llamados "elegidos" durante la etapa de Purificación e

Iluminación. El Rito de Elección para niños es opcional (RICA, 277–280), pero se les puede invitar a participar en la celebración diocesana.

Dos elementos clave para la celebración son: el testimonio de los padrinos y los catequistas, y la inscripción de los nombres de los elegidos (RICA, 129–137).

El testimonio se hace como una afirmación de parte de los padrinos y de la asamblea. Una vez que se presentan los catecúmenos, el que preside (generalmente el obispo) pregunta a los padrinos si consideran que los candidatos son dignos de ser iniciados. La pregunta y su respuesta presuponen que ha habido cierta deliberación antes de este momento. El Rito de la Elección conduce a un momento ritual la decisión de que estos catecúmenos están listos para el bautismo.

La inscripción de los nombres se hace en el Libro de los elegidos. El elegido será bautizado por su nombre allí anotado.

La inscripción puede hacerse en formas diferentes. Lo ideal es que cada catecúmeno anote su nombre en el libro de los elegidos en este momento de la ceremonia. Los padrinos o alguien del equipo catecumenal parroquial puede anotar el nombre al tiempo que los catecúmenos son llamados. En algunas diócesis los catecúmenos han anotado sus nombres en su respectiva parroquia durante el Rito de Envío, y esos nombres se presentan en este momento de la ceremonia. De ser así, es la presentación de esos nombres, no el Rito del Envío, lo que constituye su inscripción.

Los padrinos pueden también firmar el libro (RICA, 123). Esto sigue una costumbre de la Iglesia primitiva. Así se valida la importancia del testimonio de los padrinos, aunque mengua el sentido de la inscripción de los elegidos. Esto puede alargar la celebración. No es apropiado que el obispo firme el libro.

Tras la inscripción, el que preside anuncia que los catecúmenos pertenecen a los elegidos. Todos oran por ellos, y si no hay misa, se les despide.

Los candidatos bautizados no celebran el Rito de Elección porque la elección es un reconocimiento pre-bautismal de los nombres llamados por Dios a vivir en Cristo. Sin embargo, se puede invitar a los candidatos a participar en el Rito del Llamado de los Candidatos a la Conversión Continua. Se trata de una ceremonia diseñada sobre el Rito de Elección (RICA, 446–458). El *Rito de la iniciación cristiana de adultos* (RICA) ofrece también una adaptación que combina todo el Rito de Elección con el rito opcional del llamado (RICA, 547–561).

58. ¿Por qué se hace el Rito de Elección en la catedral?

El Rito de Elección se hace en la catedral por la función del obispo local. El obispo es el responsable final que decide quién pertenece a los elegidos (RICA, 121), aunque en la práctica, él se basa en el testimonio de los que han trabajado con los catecúmenos.

De hecho, el obispo es también el primer ministro del bautismo (Introducción General, 12). En la Iglesia primitiva, el obispo presidía todos los bautismos de su diócesis. Hoy, por el tamaño de las diócesis, eso sería poco práctico, pues los bautismos se realizan con mayor frecuencia y número que entonces, y en la parroquia donde la comunidad local puede conocer a los catecúmenos. Ha quedado una huella de la práctica original en la celebración del Rito de Elección en la catedral. Tengamos en cuenta que, en la Iglesia primitiva, todas las ceremonias, no solo la elección, se hacían en la catedral.

Si por alguna razón un catecúmeno que desea el bautismo no puede asistir al Rito de Elección en la catedral el Primer Domingo de Cuaresma, se puede considerar proveer el rito en la parroquia. Esta opción se permite cuando toda la iniciación se lleva a cabo en una época diferente del año (RICA, 26, 126–127). Por el significado de este rito para los no bautizados, es conveniente que las parroquias brinden esta oportunidad a los ausentes de la celebración en la catedral.

Si los catecúmenos no pueden participar en el Rito de Elección diocesano, el obispo puede delegar a un sacerdote o un diácono para celebrar la liturgia en su parroquia (RICA, 12, 121). Así, un párroco podría enviar una carta al obispo, solicitando la delegación para inscribir uno o más catecúmenos entre los elegidos. Si hay un Libro de los elegidos diocesano, él debería pedirlo prestado para la ocasión.

El Rito de Elección no debe omitirse para los que siguen el curso normal de iniciación. Habrá circunstancias excepcionales cuando se comprima toda iniciación, pero como regla general, todos los catecúmenos deben participar en el Rito de Elección.

59. ¿Qué es el Libro de los Elegidos?

Se llama Libro de los Elegidos a un libro de páginas vacías en el que se inscriben los nombres de los elegidos a la iniciación sacramental.

Conviene que sea un libro grande con páginas numeradas o no, dispuesto para recibir firmas. Se puede reutilizar año tras año, o proveer uno nuevo cada año. Debe ser pequeño pero suficiente para la parroquia, o bien lo suficientemente grande para toda la diócesis. Se puede implementar como una carpeta diocesana en la que se suman las páginas perforadas firmadas en las parroquias. Algunas editoriales venden Libros de los elegidos. Hay diócesis han formado los suyos.

60. ¿Quién debe firmar el Libro de los Elegidos?

Deben fírmalo después del rito, los catecúmenos que van a ser iniciados dentro de unas semanas. Los catecúmenos que van a estar en formación por más tiempo esperarán hasta que inicie su propia preparación próxima al bautismo, quizá hasta el año venidero. Tras el Rito de Elección, a los catecúmenos se les llama elegidos.

La liturgia no pide que firmen dicho libro los candidatos bautizados que se preparan para el Rito de Recepción, debido a que ya están bautizados, y la firma es un rito pre-bautismal que indica su aptitud para el bautismo. Es inapropiado que los candidatos firmen el libro.

También pueden firmar el Libro de los elegidos los padrinos. Es algo opcional.

61. ¿Se debe firmar el libro en la parroquia o en la catedral?

Lo ideal es que Libro de los elegidos se firme en la catedral; por razones pastorales, empero, se puede firmar en la parroquia. Por ejemplo, quienes planifican la liturgia diocesana pueden juzgar que, si todos los catecúmenos firman el libro durante el Rito de Elección, la ceremonia se prolongaría indebidamente.

Con todo y su prolongación, porque este es uno de los momentos clave en el Rito de Elección, es preferible dar tiempo a la inscripción. Algunos prefieren que se firme el libro en la parroquia para que los miembros de la comunidad local lo presencien. No obstante, la inscripción durante el Rito de Elección tiene más significado.

62. ¿Se puede repetir el Rito de Elección?

Muchas diócesis repiten el Rito de Elección. Hay catedrales en las que no cabe el numeroso contingente en un solo evento. Otras están tan alejadas que vuelven poco práctico trasladarse hasta ellas. Por estas razones, el rito puede repetirse el mismo día o en un intervalo de días. También puede hacerse en las parroquias. Lo mejor, sin embargo, siempre será celebrarlo en la catedral en o cerca del Primer Domingo de Cuaresma para los que se bauticen en la próxima Pascua (RICA, 126).

Desde luego que cada catecúmeno celebra la elección una sola vez.

63. ¿Es necesario el sacramento de la reconciliación para catecúmenos y candidatos?

Para los catecúmenos, la celebración del sacramento de la reconciliación no es necesaria. Dado que no están bautizados, no son elegibles para ningún otro sacramento; tampoco para la reconciliación. El bautismo, que será su primer sacramento, les perdonará todos sus pecados. Los catecúmenos no necesitan confesar sus pecados a un sacerdote antes de recibir el bautismo: el bautismo perdona todos sus pecados.

Se cuentan historias de algunos sacerdotes que interrumpieron la Vigilia Pascual para escuchar en confesión a los recién bautizados antes de participar en la Comunión. Aunque este comportamiento quiere honrar la tradición de la Iglesia de la confesión antes de la Comunión, resulta absolutamente inapropiado y refleja una pésima comprensión de los efectos del bautismo.

Quizá algunos catecúmenos quieran confesar sus pecados. El sacramento de la reconciliación brinda alivio espiritual a quienes lo celebran plenamente. Por su parte, si alguno de los catecúmenos manifiesta que está experimentando intranquilidad o cierta ansiedad debida a alguna situación o falta moral que le incomode la conciencia, habrá que ayudarle a buscar dirección espiritual con algún confesor competente o un experimentado guía espiritual. Deberá quedar muy claro al catecúmeno que esto no es un ejercicio sacramental. El equipo de iniciación debe tener sumo cuidado con este tipo de situaciones y canalizarlas debidamente con respeto y delicadeza absolutos. De ninguna manera deberá inducir a la "confesión" de faltas o pecados, ni a simulaciones que resultan contraproducentes en la vida espiritual.

Después de iniciados, los recién bautizados podrán celebrar la reconciliación según el Espíritu los mueva. Incluso se podrá ayudar a organizar una celebración de reconciliación en algún momento después de la iniciación para aquellos que desean experimentar su consuelo. Con todo, será preferible catequizar ahondando en los efectos regeneradores de los sacramentos de la iniciación recién recibidos.

Por el contrario, deberán acudir al sacramento de la reconciliación los cristianos bautizados y candidatos al Rito de Recepción en la Plena Comunión de la Iglesia Católica o a la confirmación y Eucaristía (RICA,

482; ENC, 27). Esto los prepara para participar de la Comunión con los demás católicos. Podrán acudir a un servicio comunitario penitencial, o si desean más tiempo para conversar sobre sus pecados, quizá prefieran una celebración privada.

64. ¿Cuál es el Rito Penitencial para los candidatos?

El Rito Penitencial para los candidatos es una ceremonia opcional diseñada a partir de los escrutinios para ayudar a los candidatos a prepararse espiritualmente al Rito de Recepción en la Plena Comunión de la Iglesia Católica (RICA, 459–472). Si tal Recepción está programada para la Pascua (práctica que ENC 33 sugiere evitar), el Rito Penitencial puede realizarse en la misa del Segundo Domingo de Cuaresma (RICA, 462).

La ceremonia sigue la Liturgia de la Palabra. Después de las Escrituras y la homilía, el que preside invita a la comunidad a orar en silencio. Los candidatos hacen las intercesiones, y el presidente ora por ellos, como en los escrutinios.

Esta liturgia tiene el aire de un Rito Penitencial porque los candidatos ya han sido bautizados. En tal condición ellos son responsables de sus conductas pecaminosas, bajo un aspecto diferente al de los catecúmenos sin bautizar. Por lo tanto, las oraciones los invitan a arrepentirse de sus pecados, como preparación al Rito de Recepción.

65. ¿Qué es un escrutinio?

Se le llama "escrutinio" a un rito de autoexamen y de arrepentimiento. Consiste en descubrir y curar cualquier debilidad espiritual en los elegidos y resaltar y vigorizar lo que es bueno, fuerte y recto.

Purificación e Iluminación

Los escrutinios ayudan a completar al elegido su conversión a Cristo (RICA, 141).

Se celebran tres escrutinios. Ellos demuestran la creciente intensidad, por el tiempo litúrgico, de purificación e iluminación. Por las sucesivas proclamaciones del evangelio de la samaritana (Juan 4:1–42), del ciego de nacimiento (Juan 9:1–41) y de la resurrección de Lázaro (Juan 11:1–45), el elegido llega a rechazar el pecado personal, la ceguera espiritual y el poder de la muerte.

Un escrutinio incluye un exorcismo. Antes, este exorcismo estaba dirigido a Satán, mandándole dejar al elegido. Hoy, se dirige a Cristo, pidiéndole que expulse el poder del mal y lo sustituya con el Espíritu Santo. Todos los exorcismos guardan esta dinámica: sacar al espíritu malo e infundir el bueno. El exorcismo inicia con una plegaria a la Primera Persona de la Trinidad, concluye con una oración a Jesús e incluye una imposición de manos sobre el elegido con la invocación al Espíritu Santo. Se invoca a la Santísima Trinidad.

El escrutinio tiene una estructura simple (RICA, 150–156, 164–170, 171–177). Hechas las lecturas y la homilía, el presidente invita a los elegidos y a la asamblea a orar en silencio. Siguen las intercesiones por los elegidos. Enseguida, el presidente pronuncia el exorcismo. Finalmente, los elegidos son despedidos.

En la adaptación para los niños, el escrutinio se combina con una unción con el óleo de catecúmenos por los niños sin bautizar y con la primera celebración del sacramento de la reconciliación para niños bautizados (RICA, 291–303). Este híbrido puede ser tan eficaz como una celebración comunitaria para la primera confesión de los niños en el grupo catequético. Alternativamente, los niños pueden participar en los escrutinios de los adultos. Sin embargo, solo se hace un escrutinio con niños. No tiene conexión con ninguno de los evangelios mencionados que acompañan a los escrutinios de adultos, de modo que se puede hacer en cualquier tiempo.

66. ¿Por qué los evangelios del año A son tan importantes para los escrutinios?

Generalmente los escrutinios se celebran el Tercero, Cuarto y Quinto Domingo de Adviento. Las lecturas bíblicas del año A se pueden usar en la misa de escrutinios de cualquier otro año (RICA, 146). Esta práctica recupera una costumbre de la Iglesia primitiva.

Desde los leccionarios anotados más antiguos, aparece que las lecturas del evangelio que acompañaban los escrutinios eran los del encuentro de Jesús con la samaritana, el del ciego de nacimiento y el de la resurrección de Lázaro. Estas lecturas, ahora restauradas en las fechas litúrgicas ya mencionadas del año A, buscan coincidir con los escrutinios. Puesto que una parroquia puede tener elegidos a medio año, estas tradicionales lecturas pueden proclamarse cada año en las misas de escrutinios.

Algunos ministros objetan que, en tales circunstancias, las lecturas propias de los ciclos B y C para aquellos domingos nunca can a ser proclamados en alguna parroquia. Esto puede pasar, pero el valor de los textos tradicionales es muy fuerte, su contenido es persuasivo, y la comunidad se beneficia de su proclamación anual. (Las lecturas para otras ocasiones importantes se repiten cada año: Navidad, Epifanía, la Asunción y Todos los Santos, por ejemplo).

En muchas parroquias, el predicador tendrá diferentes lecturas para las misas del mismo fin de semana. Esto sugiere dos homilías diferentes, como se hace generalmente en los fines de semana que hay bodas, por ejemplo. La homilía para la misa de escrutinio ha de ser breve, puesto que las lecturas y el ritual son de por sí bastante elocuentes respecto al misterio pascual. Ahora bien, las lecturas del año A se pueden proclamar en las otras misas de ese fin de semana, incluso sin escrutinios, unificando la preparación para la homilía (ver la introducción al Leccionario, 97, que no limita el uso de dichas lecturas a los escrutinios).

67. ¿Qué es una entrega?

Se le llama "entrega" a la ceremonia en la que los elegidos reciben formalmente textos que significan el núcleo de la fe (el Credo o Símbolo) y la oración de la Iglesia (el Padrenuestro u Oración del Señor). Se realizan durante la etapa de purificación e iluminación pues ayudan en la preparación final para el bautismo (RICA, 147–149).

Estos ritos se desarrollaron a lo largo de varios siglos. Durante la Edad Media se configuró una tercera entrega, la de los cuatro evangelios. Al correr del tiempo, las entregas fueron absorbidas por el rito bautismal, pero después del Concilio Vaticano II, dos de ellas fueron revividas como rituales independientes. Bajo algunas circunstancias, las entregas pueden adelantarse a la etapa del catecumenado. Si el párroco y el equipo catecumenal consideran que la etapa de purificación e iluminación está repleta de ritos y la del catecumenado casi vacía, y que la entrega temprana de estos textos beneficiará a los que se preparan para el bautismo; las entregas pueden celebrarse antes del Rito de Elección (RICA, 21, 79, 104–105).

Las entregas se pueden hacer a candidatos bautizados, pero no catequizados (RICA, 407). Hay que notar que esto debe hacerse solo si los candidatos han tenido poca o nula catequesis (ENC, 31). Los que han sido catequizados y que practicaron su fe cristiana en una confesión no católica, no necesitan recibir el Credo, la Oración del Señor o Padrenuestro, ni los evangelios, que ya han sido parte de su vida. De hecho, podría ser ofensivo ofrecer estos ritos a los candidatos catequizados.

68. ¿Qué es la Entrega del Símbolo o Credo?

La Presentación del Credo es la entrega formal del símbolo de la fe cristiana (RICA, 157–163). En el rito, los elegidos escuchan las palabras del Credo, y se les anima a que las hagan parte de su vida.

Generalmente, la ceremonia se realiza en un día de la tercera semana de Cuaresma, cuando se haya celebrado ya el primer escrutinio. No se debe celebrar durante la misa dominical, sino en otro momento, preferiblemente con presencia de la comunidad de fieles.

Aunque no es necesario, la celebración puede incluir la misa. Después de las lecturas y la homilía, los fieles recitan el Credo para "entregarlo" a los elegidos. Enseguida, el que preside ora sobre los elegidos y los despide.

Hay comunidades que "entregan" a los elegidos una forma escrita del Credo, pero esto transgrede los orígenes de la ceremonia. En la Iglesia primitiva, el Credo nunca estuvo escrito, porque era parte de la enseñanza de la Iglesia que se mantenía reservada, para sus propios miembros. El Credo se recitaba de memoria, para que los elegidos lo grabaran en su memoria. Hoy todavía, los elegidos han de memorizar el Credo, en las semanas entre su recepción y su bautismo (RICA, 148).

69. ¿Qué es la Entrega de la Oración del Señor o Padrenuestro?

La Entrega de la Oración del Señor o Padrenuestro es el rito por el cual la comunidad cristiana transmite formalmente a los elegidos la oración que Jesús les enseñó a sus discípulos. Tal como Jesús confió esta oración a sus seguidores, la Iglesia hace ahora (RICA, 178–184).

La ceremonia se lleva a cabo en un día de la quinta semana de Cuaresma. No se debe celebrar durante la misa dominical, sino en otro momento, preferiblemente con presencia de fieles de la comunidad. Se puede hacer en una misa, pero no necesariamente.

Después de las lecturas, un ministro invita a quienes van a recibir la Oración del Señor, a pasar al frente. Se acercan al ambón. El que preside los exhorta a escuchar con atención la lectura del evangelio en la que el Señor enseña a orar a sus discípulos. Enseguida, el que preside proclama el evangelio, el sacerdote, no un diácono, porque la proclamación de este particular es la entrega, y compete al presidente de la asamblea de los fieles. Alternativamente, un diácono puede presidir toda la ceremonia.

Si bien algunas comunidades "entregan" una versión impresa de la Oración del Señor durante la ceremonia, la entrega actual se hace oralmente, con la proclamación del evangelio. Después de la homilía el que preside guía la oración por los elegidos y los despide.

70. ¿Deben participar en el Sagrado Triduo Pascual los elegidos?

Sí, los catecúmenos y los elegidos deben participar en las liturgias principales desde el Jueves Santo hasta el Domingo de Pascua. Las opiniones difieren, sin embargo, sobre si deben o no ser despedidos.

Por lo general, los elegidos y los catecúmenos pueden ser despedidos después de la Liturgia de la Palabra en la misa. No hay ninguna disposición especial para que se queden durante toda la liturgia del Jueves Santo. En la práctica, sin embargo, muchas parroquias invitan a los no bautizados a quedarse para la Eucaristía ese día. Estas celebraciones son tan importantes para el culto católico que parece apropiado buscar que ellos experimenten el Triduo Pascual en su plenitud. Además, todo el Triduo Pascual es como una sola liturgia. A pesar de que comienza la noche del Jueves Santo y termina con la Pascua, no hay despedida de la asamblea al final de la Misa de la Cena del Señor del jueves, ni después de la celebración de la pasión del Señor el viernes. Por supuesto que los fieles se van, pero la liturgia parece suspendida, no terminada. Por lo mismo, cabe argumentar que los elegidos permanecen desde el comienzo de la celebración del jueves hasta la Eucaristía de la Pascua, ya que a nadie se despide.

Quizá la parroquia tenga catecúmenos que recién han comenzado su formación y que serán elegibles para el bautismo en una futura Pascua, pero no esta. De ser así, ellos siguen siendo catecúmenos y no participan en el Rito de la Elección ni en los escrutinios y entregas. Durante la Cuaresma, elegidos y catecúmenos serían despedidos juntos.

Otra postura respecto al Triduo Pascual sería despedir a los catecúmenos, pero no a los elegidos, de las liturgias del Jueves Santo y de la Pascua. Ninguno de los dos grupos, sin embargo, ha sido bautizado, por lo que su aptitud para participar plenamente está igualmente limitada.

Hay parroquias que involucran a los catecúmenos en el Triduo Pascual de otras maneras. Algunas, por ejemplo, invitan a los elegidos para que les sean lavados los pies, el Jueves Santo. Nada en la liturgia promueve o prohíbe esto, pero el lavado de los pies no corresponde específicamente a los elegidos y puede causar más confusión que comprensión.

71. ¿Qué tan importantes son los Ritos de Preparación en Sábado Santo?

Los Ritos de Preparación son las últimas ceremonias antes del bautismo (RICA, 185–205). Ayudan a disponer a los elegidos para su inminente iniciación. Para los candidatos bautizados no hay ritos de preparación.

Estos Ritos de Preparación se celebran el Sábado Santo por la mañana. En la historia de la Iglesia, hubo ocasiones en que estos ritos fueron incorporados a la Vigilia Pascual. Sin embargo, ahora están fuera de la liturgia del día, para que los catecúmenos puedan pasar la mayor parte del día en oración y que la Vigilia Pascual se enfoque solo en el bautismo.

Los Ritos de Preparación son el Rito Effetá y la Recitación del Credo. También puede incluirse la Elección del Nombre Bautismal.

Dichos Ritos pueden iniciar con un canto y el saludo del que preside. Se proclaman las lecturas de las Sagradas Escrituras, y sigue la homilía. Enseguida, se realizan los ritos y la celebración concluye con una bendición y la despedida.

Los Ritos de Preparación son considerados por los obispos de los Estados Unidos como opcionales (RICA, 33.7). Quizá estos ritos no parezcan importantes, pero son preliminares a la celebración del bautismo, que se realiza más tarde en ese día.

72. ¿En qué consiste el Rito del Effetá?

El Rito de Effetá imprime en los elegidos la necesidad de la gracia para poder escuchar y profesar la Palabra de Dios (RICA, 197).

El rito tiene sus orígenes en un pasaje del Evangelio según san Marcos (7:31-37), que puede usarse como lectura para la celebración. Se trata del relato en el que Jesús cura a un hombre sordo que tiene impedimento para hablar. Jesús lo cura metiendo sus dedos en los oídos del sordo y tocando con saliva de su propio escupitajo, la lengua del impedido. Entonces Jesús dice: "Effetá", que quiere decir, "Ábrete". Quizá este relato haya inspirado el vocabulario y los gestos pre-bautismales ya desde la época apostólica. Los que acompañan al hombre que busca curación, incluso parecen figurar a los padrinos.

A lo largo de la historia del bautismo, se ha conservado alguna versión del Rito del Effetá. Hoy la ceremonia ritualiza nuestro deseo de que los elegidos reciban la Palabra de Dios en sus oídos y la proclamen con sus labios. Incluso los analfabetos pueden escuchar la Palabra de Dios: el que preside no toca los ojos o los dedos de los elegidos.

Cuando dicha ceremonia se incluye en los Ritos de Preparación en el Sábado Santo, se realiza inmediatamente después del saludo. Desafortunadamente, el ritual coloca los textos fuera de la secuencia. El Rito del Effetá aparece allí tras la Recitación del Credo, pero en la práctica, debería venir antes. El presidente tiene que sortear la paginación para que el rito fluya sin problemas.

Por motivos pastorales, el Rito del Effetá se puede hacer en la etapa del catecumenado. Si se adelantan las Entregas del Credo y de la Oración del Señor, el Rito Effetá bien puede concluir esas ceremonias (RICA, 105). De hecho, se puede administrar a un catecúmeno el Rito del Effetá más de una vez en este caso.

73. ¿En qué consiste la Recitación del Credo o Símbolo?

La Recitación del Símbolo o Credo prepara a los elegidos para su profesión de fe antes del bautismo (RICA, 193). Esa ceremonia se hace en la mañana, durante los Ritos de Preparación en el Sábado Santo.

Puesto que los elegidos recibieron el Credo de la comunidad semanas antes, ahora lo "devuelven" a la comunidad. Entre estos eventos, meditan y memorizan el Credo o Símbolo de la fe. Su recitación demuestra su disposición y fe a la comunidad cristiana.

En muchas parroquias los elegidos leen el Credo de un texto impreso, pero lo ideal es que lo pronuncien de memoria (RICA, 148).

Si el Rito del Effetá está incluido (y normalmente lo está), debe preceder a la Recitación del Credo. Así, una vez que el que preside implora que los oídos y los labios de los elegidos sean abiertos, las primeras palabras que pronuncian son las de su fe, al recitar el Credo.

Si por alguna razón no hubo Entrega del Credo durante la tercera semana de Cuaresma, no debería haber Recitación.

En la historia del catecumenado, esta entrega fue llamada en latín la *traditio* (tradición) y la Recitación del Credo *redditio* (repetición). Esta antigua costumbre ha sido restaurada en la Iglesia después del Concilio Vaticano II.

74. ¿Por qué no hay Recitación de la Oración del Señor o Padrenuestro?

De hecho, hay una Recitación de la Oración del Señor. Se realiza en la Vigilia Pascual en la Liturgia de la Eucaristía. Los elegidos solo recitan la Oración del Señor una vez bautizados, con todos los fieles, como preparación a la Comunión, en el curso normal de la misa.

En nuestra historia, hay tradición de la Recitación de la Oración del Señor antes del bautismo. Se trata, sin embargo, de una costumbre tardía y los autores del catecumenado restaurado decidieron retomar la costumbre más antigua.

Jesús es el Hijo de Dios encarnado. Los bautizados son hijos adoptivos de Dios. Los catecúmenos pueden haber memorizado la Oración del Señor, pero después de su bautismo reclaman a Dios como su padre, con un nuevo significado.

Cuando los recién bautizados son especialmente conscientes de esta oración durante la Vigilia de Pascua, se disponen mejor a participar de la Eucaristía.

75. ¿Deben adoptar los catecúmenos un nuevo nombre en el bautismo?

Lo más probable es que no. La liturgia de los Ritos de Preparación durante la mañana del Sábado Santo permite elegir un nombre de bautismo en ese momento (RICA, 200). Sin embargo, en los Estados Unidos, la Conferencia Nacional de Obispos Católicos ha normado que no se debe dar un nuevo nombre al catecúmeno (RICA, 33.4).

La posibilidad de adoptar un nuevo nombre también aparece en el Rito de Aceptación (RICA, 73). Sin embargo, no se recomienda en los Estados Unidos. La opción del nuevo nombre aparece en el Rito de Aceptación porque en algunas culturas, otras religiones les imponen un nuevo nombre, en una ceremonia paralela, a quienes se disponen a unírseles como miembros. Aquí, la posibilidad se da para que los cristianos de esos lugares no se sientan inferiores a otras religiones que fomentan la práctica.

No imponer un nombre nuevo tiene su propio significado. Los elegidos serán bautizados con su propio nombre, el nombre que las personas usan para dirigirse a ellos. Así que, cuando las personas llaman a un bautizado por su nombre, lo llaman cristiano.

Si el nombre de alguno de los elegidos tiene un aire claramente anticristiano, puede optar por un nuevo nombre en este punto, en conformidad con el canon 855. Así, tendrá más sentido hacer un cambio de nombre legal, no solo religioso, al mismo tiempo.

En la mayoría de los casos, los elegidos serán bautizados con el nombre que ya tienen. En lugar de la ceremonia de elegir un nombre bautismal durante los Ritos de Preparación en el Sábado Santo, el que preside puede invitar a los elegidos a explicar cómo sus padres eligieron su nombre. Esto a menudo revela algunos de los valores que pretendían heredar.

76. ¿Qué es el ayuno pascual?

El ayuno pascual es parte de la preparación espiritual para la Vigilia Pascual. A los que van a ser bautizados, y también a los fieles, se les anima a que se abstengan de comer y beber, el Sábado Santo (RICA, 185.1; *Constitución sobre la Sagrada Liturgia*, 110).

La práctica del ayuno pre-bautismal es una sugerencia que se remonta hasta principios del siglo II. Este ejercicio ascético le daba a toda la comunidad la oportunidad de prepararse juntos para el bautismo. Finalmente, el ayuno pre-bautismal derivó en un ayuno para la Comunión, práctica que continúa hasta hoy.

El Miércoles de Ceniza y el Viernes Santo son días de ayuno para todos los católicos. Este ayuno enfatiza el espíritu penitencial o de arrepentimiento, propio de esas fechas. El ayuno pascual, en cambio, enfatiza la preparación espiritual para el bautismo.

Puede ser que nos abstengamos de comer antes de un gran evento, de forma bastante natural. Estamos muy entusiasmados con la boda, el examen, el juego, el concierto o incluso la conversación que simplemente no podemos comer. El ayuno pascual pone a nuestro cuerpo en la misma disposición. Nuestra ansiedad por el bautismo y la Pascua es tan grande que ayunamos para disfrutarlos más.

PARTE 5:
INICIACIÓN

77. ¿Por qué el bautismo coincide con la Pascua?

En consonancia con una antigua costumbre en la Iglesia, el bautismo coincide con la Pascua. Probablemente, en los primeros siglos hubo muchos días en los que se administraba el bautismo, pero en el siglo iv, bautizar en Pascua y Pentecostés vino a ser casi norma. Desde entonces, la preferencia de bautizar en Pascua y Pentecostés es constante en la documentación de la Iglesia. En la liturgia de hoy, se prefiere la Pascua.

Debido a la conexión entre los eventos se dio esa preferencia. En la Encarnación, el Verbo se hizo carne: Jesús. Él es Dios y hombre verdadero. Por eso, su Resurrección de entre los muertos es la primicia de la resurrección de los humanos. Nuestro bautismo es un primer paso. Nos hace participar en la vida divina que poseeremos perfectamente en la eternidad. Al celebrar el bautismo en la Pascua, nuestro ritual vislumbra de inmediato su objetivo.

También se puede celebrar el bautismo en otros días, especialmente en caso de emergencia. El bautismo de niños se permite en casi cualquier día del año. Sin embargo, se debe preferir el domingo porque cada domingo es un tipo de celebración de Pascua.

Cada año, la Pascua cae el domingo que sigue a la primera luna llena de primavera en el hemisferio norte (el hemisferio de Jerusalén). Como la Resurrección, el bautismo tiene un sentido cósmico. Pertenece a la renovación del universo. No bautizamos a los adultos solo cuando creen que están listos. Ni siquiera cuando sus catequistas creen que ya están listos. Los bautizamos cuando la tierra esté lista; cuando el sol, la luna y las estrellas estén listos. Cuando la nueva Jerusalén esté lista. Entonces bautizamos.

78. ¿Por qué cantamos la Letanía de los Santos?

Cantamos la Letanía de los Santos para invocar el auxilio en el bautismo de nuestros antepasados en la fe (RICA, 221, 570). En el siglo iv, apareció una letanía en la liturgia bautismal de Jerusalén. Después se fue divulgando más y más hasta los ritos bautismales del siglo viii. Porque esa letanía asigna un simple y breve refrán o estribillo a la asamblea, la gente puede cantarlo caminando. La letanía de los santos se convirtió en la música que acompaña hasta la pila o fuente bautismal.

La letanía de la liturgia bautismal tiene varias partes. Abre con el *Kyrie eleyson* ("Señor, ten piedad"), y sigue con una lista de santos, agrupados más o menos cronológicamente, de esta manera: La Virgen María, los ángeles, figuras del Nuevo Testamento, los mártires, los doctores de la Iglesia, los fundadores de comunidades religiosas y las doctoras de la Iglesia. Cierra con varias peticiones, incluyendo una por los elegidos, los elegidos para el bautismo.

El canto lo guía tradicionalmente uno o más cantores. A la lista de santos se pueden agregar otros nombres, por ejemplo, el del patrono de la iglesia, el de la ciudad o los de los que se bautizarán. Habrá que acomodar estos nombres en el lugar adecuado de la letanía (ángeles con ángeles, mártires con mártires, etcétera). Incluso si no hay procesión (por ejemplo, si la fuente está en el santuario), cantamos la letanía.

La adaptación del bautismo para niños en edad catequética omite la letanía (RICA, 310). Una ceremonia breve no afectará tanto la atención de los niños.

79. ¿Por qué se bendice el agua?

Bendecimos el agua, para invocar la asistencia del Espíritu Santo en el rito del bautismo. Pedimos al Espíritu que venga sobre el agua de la fuente para hacerla efectiva. Por el poder del Espíritu Santo, el que se bautiza ingresa al agua especialmente preparada para propiciar un nuevo nacimiento (RICA, 222, 311, 571).

Bendecimos el agua por una tradición que va hasta el siglo II. Los que se bautizaban se quitaban toda la ropa y las joyas y entraban en el agua purificada por la oración, para salir de ella completamente renacidos, y dejando atrás su anterior modo de vivir. La purificación del agua ayudó a pasar de sus viejas lealtades a la vivir en Cristo.

80. ¿Por qué los elegidos hacen promesas bautismales?

Los elegidos hacen las promesas bautismales para anunciar su intención definitiva de entregar su vida a Cristo (RICA, 223-225, 313-314, 572-574).

Durante su formación, los catecúmenos se han venido preparando, cambiando su corazón y convirtiéndose. Han comenzado a dejar atrás una vida sin la comunidad cristiana para ingresar a un modo de vida que encontrará sustento en ella. En el Rito de Elección escucharon su llamado a la iniciación. Durante la etapa de purificación e iluminación, han purificado su intención, especialmente al celebrar los escrutinios. Ahora, fortalecidos por las Entregas del Credo y la Oración del Señor, y fortalecidos por la oración de la comunidad, llevan su resolución al momento culminante. Antes de entrar en las aguas del bautismo, ellos profesan su fe de manera breve y pública.

En el caso de los niños, el que preside puede pedir a los padres o tutores, a los padrinos y a todos los presentes que reciten el Credo antes de pedirles a los niños que profesen su fe (RICA, 312). Así es como se busca que la comunidad apoye la fe inicial de los niños.

El ministro que preside pide a los elegidos que renuncien a toda simpatía por Satanás. Si el obispo lo aprueba, pueden agregarse otras renuncias aquí. ¿Hay algún otro mal que azote a la comunidad o que los elegidos deban repudiar? ¿Violencia? ¿Drogadicción? ¿Pornografía? ¿Racismo? ¿Prejuicios? ¿Participación en una secta o culto? Los elegidos pueden públicamente renunciar a esos males también. En los Estados Unidos, sin embargo, las renuncias no suelen ser adaptadas (RICA, 33.8). Los elegidos pueden hacer sus renuncias como un solo grupo.

Las profesiones de fe, "¿Crees…?" es mejor hacerlas individualmente. Cada uno de los bautizandos, los que buscan el bautismo, expresa su fe en el Credo de la comunidad cristiana. La tercera edición del *Misal Romano* permite a los elegidos hacer sus promesas junto con toda la comunidad que renueva sus promesas bautismales (Vigilia Pascual, 55). Este es el momento en el que declaran su fe justo antes de su bautismo. Es más poderoso cuando se hace de forma individual.

81. ¿Cómo se bautiza a una persona?

Se bautiza sumergiendo o derramando agua sobre alguien al tiempo que se dirige al bautizando con estas palabras: "N., yo te bautizo en el nombre del Padre, y del Hijo, y del Espíritu Santo".

En una emergencia, la Iglesia Católica permite que cualquier persona bautice, con tal que tenga la intención correcta, recite la fórmula correcta y use agua. En circunstancias ordinarias, es un obispo, o un sacerdote o un diácono quien bautiza.

Las palabras de la fórmula bautismal son de suma importancia. Todos deben conocerlas.

En la Iglesia Católica, el bautismo puede ser administrado por inmersión o por infusión (efusión) o vertido de agua. La aspersión no es aceptable, ni usar algún otro líquido que no sea agua.

82. ¿Qué es el bautismo por inmersión?

El método preferido es siempre el de la inmersión (RICA, 226, 317, 575; ENC, 17). Durante muchos siglos, la inmersión no ha sido posible en las parroquias católicas porque nuestras iglesias no fueron equipadas con fuentes adecuadas para ella. Generalmente, los sacerdotes bautizaban a los bebés en una pila bautismal pequeña donde bautizaban a los pocos adultos también. Ahora, sin embargo, la Iglesia insta a las parroquias a preparar a los adultos con un catecumenado y a bautizarlos en una fuente suficientemente grande. La construcción de iglesias nuevas provee ya una fuente amplia. Hay que modificar las iglesias más antiguas para adaptarlas a las fuentes bautismales completas. Otras iglesias hacen ajustes temporales; por ejemplo, acomodan un recipiente grande (una piscina de plástico, un tanque de metal) en la iglesia y lo decoran para la Vigilia Pascual.

Para el bautismo por inmersión, el ministro puede estar en el agua o junto a la fuente, dependiendo de su diseño. Puede sumergir a los elegidos hacia el frente o hacia atrás, según lo faciliten las posibilidades logísticas. Los elegidos también pueden arrodillarse en la fuente mientras el ministro los inclina hacia adelante, hasta sumergirles la cabeza. Los elegidos también pueden pararse o arrodillarse en la fuente bautismal mientras el ministro derrama agua sobre ellos.

En el caso de los bebés, el ministro los puede sostener, colocando una mano debajo de la cabeza del niño y la otra bajo las asentaderas del niño, y suavemente bajar al bebé en la fuente. No es necesario que el agua cubra la cara o la cabeza, si esto preocupa a sus padres. Los bebés también pueden sentarse o pararse en la fuente mientras se derrama agua sobre ellos. En los Estados Unidos, el bautismo por inmersión se prefiere como "el signo más completo y que expresa mejor la realidad del sacramento" (ENC, 17). Se deben hacer provisiones al menos para una inmersión parcial, es decir, de la cabeza del candidato.

Por lo que toca a la vestimenta, el ritual pide que se observe el decoro. Hay poca resistencia cultural a la desnudez de un bebé para su bautismo por inmersión. Pero se espera que los adultos y otros niños a ser bautizados vistan algo, aunque la práctica de la Iglesia primitiva, cuando las sensibilidades culturales eran muy otras, era la de bautizarlos desnudos. Esas ceremonias generalmente se llevaban a cabo en áreas más privadas del edificio de la iglesia, o incluso fuera de él. En la práctica, los adultos y los niños en edad catequética pueden entrar con ropa a la fuente bautismal sin que les importe empaparse. No es necesario que esa ropa se cubra con otra prenda, aunque muchas comunidades promueven esta práctica. En este caso, los bautizados visten un ropón simple y holgado sobre sus ropas propias. Dicho ropón puede ser de cualquier color excepto blanco, para evitar que se confunda con la prenda bautismal.

Los padrinos colocarán una mano sobre el elegido al momento de ser bautizado. En algunas fuentes, esto puede ser difícil, a menos que entren al agua. Al menos, deben recibir a los recién bautizados conforme vayan saliendo de la fuente. En el caso de los bebés, el papel de los padres debe ser predominante.

El bautismo también se puede hacer por infusión o vertiendo agua. En este caso, el ministro debe evitar minimizar el símbolo usando una cantidad abundante de agua.

83. ¿Por qué no se unge con crisma la coronilla de los recién bautizados?

No se unge a los adultos recién bautizados en la coronilla con crisma para evitar que esta unción se confunda con la confirmación.

Cuando se bautiza a un niño, el sacerdote o diácono unge la coronilla del niño con crisma, como Cristo fue ungido sacerdote, profeta y rey. Este rito apareció por primera vez en los textos bautismales de los siglos III y IV, como una de las dos unciones post-bautismales en la misma ceremonia: una era administrada por presbíteros fuera del edificio de la iglesia, junto a la fuente, la otra era administrada por el obispo en el edificio de la iglesia. Hablando en general, la primera unción se refería al ministerio de Cristo y la segunda al derramamiento del Espíritu, aun cuando estos misterios están entrelazados. Por muchos cientos de años, las dos unciones estuvieron separadas en la Iglesia romana para las ceremonias del bautismo y de la confirmación. Cuando el Concilio Vaticano II permitió que el presbítero administrara esos dos sacramentos en la Vigilia Pascual, la doble unción pareció redundante, de modo que la primera se omite cuando sigue la confirmación. En el raro caso de que alguien que no sea un sacerdote o un obispo bautice en la Vigilia Pascual (pensemos en comunidades donde la falta de dichos ministros condiciona a que un diácono presida una ceremonia de Pascua no eucarística), entonces el diácono unge la coronilla del adulto recién bautizado, que será confirmado en la próxima oportunidad (RICA, 228, 577). Si un catequista u otro ministro laico bautiza bajo esas circunstancias, no debe ungirse con el crisma porque la tradición católica reserva la administración de las unciones sacramentales a los clérigos ordenados.

Las palabras "Cristo" y "crisma" se relacionan. "Cristo" significa "ungido" y se llama "crisma" a un tipo especial de aceite; de esa palabra tenemos también la palabra "crema".

Solo un obispo puede consagrar el crisma. Lo hace en la misa crismal, celebrada en la catedral cada año, poco antes de la Pascua. El Jueves Santo es el día tradicional de esa misa, pero puede celebrarse antes para la conveniencia de aquellos que celebrarán el Triduo Pascual con intensidad. El crisma tradicionalmente es una mezcla de aceite de oliva y bálsamo, aunque pueden usarse otros aceites y perfumes. El obispo también bendice otros dos aceites, el óleo de los catecúmenos y el óleo de los enfermos, pero mezcla perfume solo para el crisma. El crisma es nuestro aceite más sagrado. Se utiliza en el bautismo de niños, la confirmación y el orden sacerdotal. También se usa para ungir un nuevo altar y las paredes de una nueva iglesia. En general, acompaña los sacramentos y rituales que se realizan una sola vez en la vida, como un signo del poder perdurable del Espíritu Santo conferido en esos eventos.

Algunos han cuestionado que se omita la unción postbautismal con crisma en la coronilla de los adultos. Históricamente, tuvo una función distinta a la confirmación. Otros creen que la unción post-bautismal para los bebés debe omitirse o asignarle una mayor dignidad a la Confirmación. Aunque quienes enmarcaron la celebración actual del bautismo de adultos quisieron evitar la confusión, crearon desconcierto con las dos secuencias de unciones diferentes.

84. ¿Por qué les entregamos una vestidura blanca?

Entregamos una prenda blanca a los recién bautizados como signo de que se han revestido con Cristo (RICA, 229, 320, 578).

La vestidura blanca alude a varios textos de la Escritura. En el cuadro de la Transfiguración, la ropa de Jesús se volvió blanca (Mateo 17:2; Marcos 9:3; Lucas 9:29). En otros casos, los seres espirituales del cielo usan vestiduras blancas: los ángeles en la Resurrección (Mateo 28:3; Marcos 16:5; Juan 20:12), los varones que hablan a los fieles en la ascensión (Hechos 1:10), así como los ancianos ante el trono del Cordero (Apocalipsis 4:4) y los ejércitos celestes (Apocalipsis 19:14). Pero lo más importante es que los victoriosos de entre los fieles (Apocalipsis 3:4, 5, 18), los mártires (Apocalipsis 6:11) y la multitud de los congregados de todas las naciones ante el Cordero (Apocalipsis 7:9, 13, 14) llevan vestidos blancos. El texto del rito se refiere a las declaraciones de Pablo de que los que están en Cristo son una nueva creación (2 Corintios 5:17) y están revestidos de Cristo (Gálatas 3:27). Así, cuando los recién bautizados llevan una vestimenta blanca, asumen la vestimenta de los fieles en el cielo, que se visten como ángeles e incluso como el propio Jesús.

La costumbre de revestir de blanco a los recién bautizados tiene raíces en la Iglesia primitiva. Así se les ayuda a esperar la vida eterna, de la que ahora ya participan. Los recién bautizados solían ir con sus prendas a la Eucaristía diaria durante la semana de Pascua, y nuevamente en Pentecostés. Por esa razón, se le llamaba al domingo después de Pascua *in albis* (en blanco) y en algunas tradiciones, a Pentecostés se le ha llamó "Domingoblanco" [Whitsunday].

El color blanco es muy apropiado por sus connotaciones bíblicas, pero las prendas pueden ser de otro color que se ajuste mejor a las costumbres locales, o incluso podría omitirse el ritual (RICA, 229). El *Misal Romano*, tercera edición, sin embargo, establece que la vestidura blanca se entrega a adultos y niños (Vigilia de Pascua, 51).

85. ¿Por qué les entregamos una luz encendida a los recién bautizados?

El significado de la vela encendida es que los recién bautizados han sido iluminados por Cristo (RICA, 230, 321, 579). Además, al tiempo de su preparación inmediata al bautismo la conocemos como la Etapa de Purificación e Iluminación. Algunas tradiciones de la Iglesia primera llamaban "los iluminados" a los recién bautizados.

Las velas para los recién bautizados se encienden del cirio pascual. La primera luz del cirio pascual inicia la Vigilia cada año. Esa luz, que penetra en la oscuridad, significa la Resurrección de Jesús y da esperanza al mundo. Los fieles que encienden sus velas del cirio pascual brillan con la luz de Cristo e iluminan la iglesia con el fuego de la fe.

¿Los que van a ser bautizados deberían llevar velas encendidas al comienzo de esa liturgia? Las rúbricas nada dicen sobre este punto. Muchos piensan que el sentido completo del Cirio encendido se manifiesta mejor si no las llevan. Otros piensan que la luz de Cristo ilumina a todos, también a los elegidos, y hasta a los no creyentes.

El cirio pascual permanece encendido durante todo el tiempo de Pascua y en los bautismos y funerales.

En el rito, el celebrante sostiene el cirio pascual para que los padrinos se acercan a encender las velas de él. Encendidas, las entregan a los recién bautizados.

Igual que la vestidura blanca, la vela significa vida eterna. A los recién bautizados se les pide que mantengan viva la llama de la fe en sus corazones, para que puedan encontrarse con el Señor con todos los santos en el cielo. Estas palabras aluden a la parábola de las diez vírgenes (Mateo 25:1–13) y a la exhortación de san Pablo a vivir como hijos de la luz (Efesios 5:8).

86. ¿Quién es un neófito?

Se le llama neófito al recién bautizado. También se les llama así en el ritual, "recién bautizados", porque es más fácil de entender. "Neófito" es palabra griega que significa "recién plantados" o "brotes nuevos" y se puede referir a cualquier persona nueva en algo. Los neófitos conservan su designación durante toda la etapa de la mistagogia.

87. ¿Por qué rociamos a la asamblea con agua bendita en la Vigilia Pascual?

Rociamos con agua bendita a los que ya están bautizados para renovar sus compromisos bautismales. Esta acción sigue a la renovación hablada de las promesas bautismales y se combina con ella. La comunidad de creyentes verbaliza su nuevo compromiso con Dios y luego lo ritualiza con agua bautismal. El agua viene de la pila bautismal, y fue bendecida para los bautismos.

Esta ceremonia capta un momento clave de la Vigilia Pascual para los fieles. En ella celebramos la muerte y la Resurrección de Cristo, pero no es un mero recuerdo de ese acontecimiento. La celebración lleva al creyente hasta el misterio mismo. La Iglesia primitiva distinguía entre la Navidad y la Pascua. Mientras que la Navidad trae a la memoria el misterio de la Encarnación, la Pascua hace más que recordar el misterio de la Resurrección. Consigue que los creyentes participen en la Resurrección, primero, mediante los sacramentos de la iniciación cristiana para los no bautizados, pero también a través de la renovación espiritual de los bautizados. A lo largo de la Cuaresma, todos los fieles cristianos se han venido preparando para ser renovados. Han practicado varios ejercicios de vida cristiana, para alejarse del pecado y comprometerse con el Evangelio. Ahora, celebran el haberse convertido en personas nuevas. Todos renuncian a Satanás y profesan su fe en Cristo. En esta simple acción, la comunidad trae a un clímax su celebración de la Cuaresma.

De haber bautismos, pero no cristianos bautizados a ser recibidos en la plena comunión de la Iglesia Católica, la aspersión se hace después de confirmar a los neófitos (RICA, 237–240). De haber bautismos y recepciones, la aspersión y el Rito de Recepción se hacen antes de dicha confirmación (RICA, 580–583). Esto cambió la estructura de la liturgia como se describe en el *Sacramentario* de 1975, que colocó la aspersión después del Rito de Recepción. El cambio asegura el bautismo del candidato a ser recibido. Se invita a todos los bautizados a renovar sus promesas, incluidos los que serán recibidos en la plena comunión de la Iglesia Católica. Sin embargo, la estructura da un tratamiento menos satisfactorio a la confirmación. Al aplazar la confirmación de los neófitos hasta después del Rito de Recepción, se diluye el estrecho vínculo entre su bautismo y la confirmación. Sin el Rito de Recepción en el medio, las confirmaciones parecen mucho más integrales al rito del bautismo.

Si los niños en edad catequética, pero ningún adulto, son bautizados en esta ceremonia, no se hace la renovación de las promesas bautismales ni aspersión de los fieles. Al parecer, la recitación opcional del Credo (RICA, 312) por parte de la asamblea toma su lugar.

En lugar de la aspersión, en algunas parroquias los fieles suelen ir a la fuente bautismal para signarse con agua, tal como lo hacen con el agua bendita al entrar a la iglesia.

Dado que la aspersión no está aprobada como una forma de bautismo en la Iglesia Católica, este ritual no se confundirá con el bautismo, que se lleva a cabo por inmersión o vertido.

88. ¿Qué es el Rito de Recepción?

El Rito de Recepción acoge en la plena comunión de la Iglesia Católica a alguien que ha sido bautizado en una comunidad eclesial separada (RICA, 473). Generalmente, el rito se celebra en la misa y culmina con la comunión eucarística.

El rito presume que los bautizados en otras comunidades eclesiales tienen un bautismo común con los católicos. Ese bautismo les da "cierta comunión, aunque no perfecta" con la Iglesia Católica (*Decreto sobre ecumenismo*, 3). Esa comunión imperfecta se completa mediante el Rito de Recepción.

Preparar la Recepción abarca cuestiones tanto doctrinales como espirituales, anque los candidatos nunca deben ser confundidos con los catecúmenos no bautizados. Todo lo que los equipararía "debe evitarse con mucho cuidado" (RICA, 477).

El rito mismo está dispuesto para que "no se imponga una mayor carga que la necesaria" para la comunión y la unidad (473). La cita se refiere a Hechos 15:28, que habla de una decisión tomada por el llamado Concilio de Jerusalén. Entonces, algunos de la Iglesia apostólica querían que los gentiles se hicieran judíos antes de ser cristianos. Pero se decidió no imponer "mayor carga que la necesaria" para integrarlos en la comunidad cristiana. Ese espíritu transpira en el Rito de Recepción.

La Recepción es simple. Los candidatos recitan el Credo (o renuevan sus promesas bautismales con la comunidad si el ritual se lleva a cabo en la Vigilia Pascual). Luego profesan su fe en "todo lo que la santa Iglesia católica cree, enseña, y proclama como revelado por Dios" (491 y 585). Luego, el que preside pronuncia el acto de Recepción, admitiendo a los candidatos en plena comunión (492 y 586). En la mayoría de los casos, sigue la confirmación. El que preside da un signo de bienvenida: juntarse o abrazarse, por ejemplo. Se hacen las intercesiones. Se puede invitar a la comunidad a dar un signo de paz (497). Este signo se omite en los ritos combinados de iniciación y Recepción (591). Sigue la Comunión, lo principal.

89. ¿Qué hay que hacer si un cristiano de la Iglesia Ortodoxa Oriental quiere hacerse católico?

Si el cristiano que quiere ser recibido en la Iglesia Católica proviene de una tradición ortodoxa oriental, la ceremonia es diferente. Según RICA 474, "no se requiere ningún rito litúrgico, sino simplemente una profesión de fe católica". Hecho esto, comparte la Comunión eucarística. No hay necesidad de confirmación porque la Iglesia Católica acepta la sacramentalidad de todos los sacramentos de rito oriental, incluida la crismación. (El RICA no aclara cómo hacer todo esto sin un rito litúrgico, pero la idea es hacerlo llanamente).

Cuando alguien de una Iglesia ortodoxa oriental se une a la Iglesia Católica, se une a la familia eclesial más próxima a su propia tradición (*Código de Cánones de las Iglesias Orientales*, 36). Por ejemplo, si se va a recibir a un miembro de la Iglesia ortodoxa griega, habrá de convertirse en miembro de la Iglesia Católica griega. La recepción en cualquier Iglesia Católica permite a la persona participar en la Comunión de la Iglesia Católica romana. De poder acceder a una Iglesia Católica griega, será mejor hacer allí la Recepción.

Si un miembro de una Iglesia Católica oriental desea unirse a la Iglesia Católica romana, el proceso es más complicado. La petición debe hacerse a la Nunciatura Apostólica a través de los obispos de ambas iglesias (*Código de Cánones de las Iglesias Orientales*, 32). Los católicos romanos deben tener cuidado de no alentar tal transferencia de ritos. Deseamos preservar las múltiples tradiciones católicas. Por tratar de convencer a alguien de que se transfiera de un rito oriental al rito romano se acarrea una pena canónica (*Código de Cánones de las Iglesias Orientales*, 31, 1465).

90. ¿Cuándo debe hacerse el Rito de Recepción?

El Rito de Recepción puede hacerse en cualquier momento del año, excepto el Viernes Santo y el Sábado Santo, en los que no se deben celebrar sacramentos ni la Recepción de candidatos en la comunión plena de la Iglesia Católica. La ocasión para la Recepción no está ligada al año litúrgico, sino a la preparación del candidato. Igualmente, una parroquia puede ofrecer la primera reconciliación, la Primera Comunión y el matrimonio más de una vez en el año, dependiendo de la preparación de los que se preparan, lo mismo vale para el Rito de Recepción.

Especialmente en el caso de los candidatos bautizados y catequizados, la comunidad parroquial puede celebrar el Rito de Recepción en cualquier día hábil, incluso después de un período breve de formación.

Aunque el *Rito de la iniciación cristiana de adultos* aboga fuertemente por celebrar el bautismo en la Pascua, no sucede lo mismo con la Recepción. De hecho, en los Estados Unidos, los *Estatutos Nacionales* dicen: "Es preferible que la recepción en la plena comunión no se tenga en la Vigilia Pascual para que no haya confusión entre esos cristianos y los elegidos para el Bautismo" (33).

Publicado el *Rito de la iniciación cristiana de adultos*, se volvió práctica común, en las parroquias que tenían catecúmenos y candidatos en formación, celebrar en la Vigilia Pascual los ritos combinados de iniciación y recepción (562–594). Sin embargo, pasajes como los *Estatutos Nacionales* 33 y 475, §2, abren otra perspectiva para la ocasión para el Rito de Recepción. Si la Vigilia Pascual es para celebrar más plenamente el significado del bautismo a la luz de la Resurrección, el Rito de Recepción se acomoda mejor a otra ocasión. Mezclar en la misma celebración a los neófitos y a los recién recibidos disminuirá el significado del mismísimo bautismo que la Vigilia Pascual trata enaltecer.

91. ¿Cuándo deben recibir la confirmación y la primera Comunión los católicos bautizados pero no catequizados?

Cuando los candidatos son católicos romanos bautizados pero no catequizados (ver pregunta 11, página XX), los *Estatutos Nacionales* también aconsejan no celebrar sus sacramentos en la Vigilia Pascual (26). Sin embargo, para confundir las cosas, el RICA establece que el período de catequesis para estos candidatos católicos "como regla debe coincidir con la Cuaresma" (408) y que el punto culminante "será normalmente la Vigilia Pascual" (409). La ocasión para la confirmación de tales candidatos depende del obispo, quien es el ministro ordinario de ese sacramento para aquellos que fueron bautizados como infantes católicos.

Aunque a estas personas el RICA lo llama "candidatos", no deben celebrar el Rito de Recepción en la Plena Comunión de la Iglesia Católica, pues ya son católicos por su bautismo de infantes.

92. ¿Por qué la confirmación forma parte de la Vigilia Pascual?

La confirmación es parte de la Vigilia Pascual por su conjunción con el bautismo. Así lo expresa el RICA, 215: "Al enlazar ambos sacramentos se expresa la unidad del misterio pascual y el vínculo entre la misión del Hijo y la efusión del Espíritu Santo, y la conexión de ambos sacramentos, en los que ambas personas divinas descienden juntamente con el Padre sobre los bautizados".

Por lo tanto, el significado pleno de la confirmación no radica solo en su propia celebración, sino en su estrecha relación con el bautismo. Al celebrar los dos sacramentos juntos, la Iglesia proclama la unidad del misterio pascual y la misión del Hijo y el Espíritu. Esta es la razón por la cual los adultos no deben ser bautizados en la Vigilia a menos que la confirmación siga inmediatamente, excepto por razones serias como la ausencia de un obispo o sacerdote.

En la Iglesia primitiva, adultos y niños bautizados en la catedral recibían habitualmente una unción del obispo. Esa unción más tarde llegó a llamarse confirmación. Celebrar juntos la confirmación y el bautismo está en concierto con la antigua tradición de la Iglesia y el significado de la confirmación.

La mayoría de los católicos, sin embargo, están más familiarizados con la celebración de la confirmación aparte del bautismo. Esa práctica es la norma para los bautizados en la infancia, bajo el supuesto de que la confirmación pertenece a la edad en que el candidato tiene el uso de la razón y puede renovar las promesas bautismales (canon 889, §2). Sin embargo, siempre que el bautismo ocurra conforme al *Rito de la iniciación cristiana de adultos*, no debe demorarse la confirmación.

93. ¿En qué circunstancias se permite a los sacerdotes administrar la confirmación?

Un sacerdote puede confirmar cuando "bautiza a quien ha sobrepasado la infancia, o admite a uno ya bautizado en la comunión plena de la Iglesia Católica" (canon 883, §2). Un sacerdote que tenga esta facultad "debe usarla para con aquellos en cuyo favor se le ha concedido la facultad" (canon 885, §2). También puede confirmar en cualquier ceremonia de confirmación con el obispo, si es grande el número de personas a confirmar (canon 884). Puede confirmar a cualquier persona bautizada en peligro de muerte, de cualquier edad, incluidos los bebés (cánones 883, §3, y 891).

Un sacerdote puede también confirmar un apóstata que regresa. Si una persona creció en la Iglesia Católica, nunca fue confirmada, rechazó públicamente el cristianismo y luego decidió volver a la Iglesia, el sacerdote tiene la facultad de confirmar a esa persona cuando la readmite a la fe. O, si la persona fue bautizada como católica, pero se crio por completo en otra religión, el sacerdote tiene la facultad de confirmar a esa persona cuando la readmite a la fe (EN, 28).

Un sacerdote, entonces, no solo puede, sino que debe confirmar a cualquiera de los elegidos que bautiza y a cualquier candidato bautizado que reciba en la plena comunión de la Iglesia Católica.

94. ¿Los niños en edad catequética bautizados en la Vigilia Pascual deben también ser confirmados?

Sí. Los niños en edad catequética que, mediante el catecumenado, han sido preparados para el bautismo, deben ser confirmados en la Vigilia Pascual por el sacerdote que los bautiza.

La Iglesia divide los ritos para el bautismo entre "los que son para niños", y "los que son para adultos". El *Ritual para el Bautismo de los Niños* refiere a los que son considerados infantes. El *Rito de la iniciación cristiana de adultos* es para adultos y niños en edad catequética (canon 852, §1; RICA, 252). Los mismos títulos revelan que el primero se emplea con el grupo de menores que no alcanzan el uso de la razón y que celebra solo el bautismo. El otro es para quienes celebran los tres sacramentos de la "iniciación cristiana": el bautismo, la confirmación y la Eucaristía (Primera Comunión).

Hay algunos obispos, sacerdotes y padres de familia que se resisten a esta práctica. Sin embargo, los cánones de la Iglesia son especialmente claros en este punto. El sacerdote que tiene la facultad de confirmar a un niño en edad catequética debe usarla. La razón se remonta al significado de la confirmación. La confirmación, celebrada con el bautismo en la Vigilia de Pascua, expresa mejor el misterio pascual. No debe ser omitida, excepto por una razón seria. Separar los dos sacramentos en la Vigilia daña la expresión sacramental del misterio pascual. La misión del Hijo y el derramamiento del Espíritu están íntimamente relacionados y son celebrados unitariamente en la Vigilia Pascual.

Hay regiones en las que los niños bautizados en la infancia celebran la confirmación después de su Primera Comunión. Si los niños no bautizados en edad catequética son bautizados en esas regiones, no deben recibir "los sacramentos de iniciación en ninguna otra secuencia que la determinada en el ritual de la iniciación cristiana" (ENC, 19). Esto hace que coexistan dos secuencias diferentes de los sacramentos, como lo han hecho a lo largo de la mayor parte de la historia de la Iglesia Católica.

95. ¿A quién no debe confirmar el sacerdote?

Hay varias categorías de personas que no deben ser confirmadas. Por ejemplo, un católico ya confirmado no puede ser confirmado nuevamente. Los bebés no deben ser confirmados, excepto en peligro de muerte.

Un candidato católico bautizado sin catequizar no debe ser confirmado en la Vigilia Pascual, a menos que el obispo lo autorice. El obispo es siempre el ministro ordinario de la confirmación para una persona bautizada como un niño católico, excepto en el caso de los apóstatas que regresan (ver pregunta 93, ENC, 28).

Un miembro de una Iglesia Ortodoxa Oriental que es recibido en la comunión católica no debe ser confirmado, pues la Iglesia Católica acepta como válida la confirmación (crismación) que dicha persona recibió al ser bautizada (*Directorio para la aplicación de los principios y normas sobre el ecumenismo*, 122). De manera similar, la Iglesia Católica Romana acepta la confirmación de Iglesias cismáticas (por ejemplo, la Iglesia Católica Nacional de Polonia).

Por el contrario, La Iglesia Católica romana no acepta la validez de las confirmaciones de las comunidades eclesiales de las tradiciones nacidas de la Reforma. En consecuencia, los luteranos o los metodistas, por ejemplo, que desean unirse a la Iglesia Católica, serán confirmados durante el Rito de Recepción, incluso si fueron confirmados en su propia iglesia. Las razones de esto se refieren al significado de la confirmación y la validez de las Órdenes: la mayoría de las otras iglesias no acepta la sacramentalidad de la confirmación, y la Iglesia Católica no reconoce oficialmente el ministerio ordenado de la mayoría de las otras comunidades.

96. ¿Cómo se administra la confirmación?

La confirmación se administra mediante una imposición de manos y la unción con el crisma. Si no hay Recepción en la plena comunión de la Iglesia Católica, la confirmación sigue el bautismo y se hace junto a la fuente. De haber Recepción, tanto los neófitos como los recién recibidos celebran la confirmación en el presbiterio. La diferencia de ubicación busca afirmar el bautismo de los candidatos. Su confirmación se aleja de la fuente para distinguir mejor su ceremonia del bautismo que ya han recibido. Se puede entonar un canto antes de que los candidatos se presenten (RICA, 231, 322, 587).

Ya reunidos los candidatos, la comunidad ora en silencio. Luego, el que preside extiende sus manos sobre el grupo y ora por el don septiforme del Espíritu Santo (RICA, 234, 325, 590). A pesar de que esta parte del ritual lleva el encabezado de "Imposición de las manos", la rúbrica exige extender las manos sobre todo el grupo a la vez. Sin embargo, una imposición individual de manos no sería ajena a la tradición de la confirmación.

Para la unción, un ministro lleva el crisma a quien preside. Mientras uno o ambos padrinos colocan su mano derecha en el hombro del candidato, "el ministro del sacramento, con la punta del pulgar derecho empapado en el crisma, hace la señal de la cruz en la frente del que se va a confirmar, diciendo: N., recibe por esta señal el Don del Espíritu Santo. El recién confirmado: Amén", e intercambian palabras de paz (RICA, 235, 326, 591).

La rúbrica del ritual implica que se pronuncia el nombre bautismal ("N.") del confirmando, y no otro. Inmediatamente después del Concilio Vaticano II, fue abandonada en los libros litúrgicos y canónicos, la práctica de administrar la confirmación, así como la bofetada del obispo. Algunas parroquias y diócesis continúan esa costumbre desusada. Por la importancia del nombre bautismal, las fuentes principales que explican el sacramento de la confirmación (el *Ritual para la Confirmación*, el *Código de Derecho Canónico* y el *Catecismo de la Iglesia Católica*) ya no exigen la elección o el uso de un nombre de confirmación.

En algunas comunidades, el que preside usa el crisma en abundancia. Por ejemplo, puede derramar aceite sobre la cabeza del candidato. En este caso, deberá tener cuidado de signar la frente con la señal de la cruz con aceite, mientras recita la fórmula de la confirmación. Aunque las rúbricas no requieren específicamente un signo de paz entre el que preside y el que está siendo confirmado, un abrazo o un apretón de manos pueden acompañar adecuadamente sus palabras.

Cuando se celebra con los niños, la confirmación de los recién bautizados puede complementarse con la confirmación de los niños católicos que se han venido preparado para el sacramento (RICA, 322, 326). Si el obispo no está presente, debe otorgar la facultad de confirmar al sacerdote que preside (RICA, 308).

97. ¿Por qué es importante la Comunión en la Vigilia Pascual?

La Comunión es el culmen de la iniciación (RICA, 243). Es el punto sacramental prominente de la Vigilia Pascual.

Algunos Padres de la Iglesia hablan de ser iniciados "en los misterios". Es decir, que el bautismo y la confirmación indican el camino a la Eucaristía. Ellos limpian y consagran al iniciado a compartir dignamente el Cuerpo y la Sangre de Cristo.

Al adaptarla a los niños, cuando algunos niños católicos se han estado preparando para su Primera Comunión junto con compañeros no bautizados, pueden recibir la Comunión en este momento (RICA, 308, 329).

98. ¿Cómo se ofrece la Comunión a los neófitos?

La Comunión se ofrece a los neófitos con una admonición. El que preside puede recordarles el significado de la Eucaristía (RICA, 243, 329, 594; *Misal Romano*, Vigilia Pascual, 64), que es el centro de toda la vida cristiana. Las rúbricas no dicen nada más sobre este recordatorio, excepto para sugerir que el que preside dirija algunas palabras a los neófitos sobre la importancia de este momento justo antes de la presentación del Cordero: "Este es el Cordero de Dios".

El que preside, por ejemplo, puede incluir una cita del *Sermón 272* de san Agustín como exhortación:

Mis hermanos y hermanas, llegamos al momento que ustedes más han deseado. Con alegría compartimos con ustedes nuestro misterio más grande, el Cuerpo y la Sangre de Cristo. "Sean lo que ven, y reciban lo que son". He aquí el Cordero de Dios que quita el pecado del mundo.

La Comunión debe ofrecérseles bajo ambas especies. Quizás alguien pueda hornear pan y proporcionar un buen vino para la Eucaristía (OGMR, 320).

PARTE 6:
MISTAGOGIA

99. ¿Qué es la mistagogia?

La mistagogia es la etapa de la catequesis post-bautismal. No solo los neófitos, sino los miembros de toda la comunidad crecen en su comprensión del misterio pascual, meditan en el Evangelio, participan de la Eucaristía y practican la caridad (RICA, 244). Ahora que los neófitos han experimentado los ritos de iniciación, podrán comprenderlos mejor, e incluso pueden percibir la Iglesia y el mundo de manera nueva. El contacto con toda la comunidad se vuelve más fácil y cotidiano, y los fieles se inspiran con mayor intensidad (RICA, 244-246).

La palabra "mistagogia" se refiere a la catequesis después del bautismo. Es una etapa que corresponde a los recién bautizados, o neófitos, aunque también los recibidos en la plena comunión de la Iglesia Católica pueden beneficiarse de la mistagogia, como bien puede ocurrir con toda la comunidad de fieles. La mistagogia para niños recién bautizados en edad catequética será adaptada de las pautas para adultos (RICA, 330).

La mistagogia adopta diferentes formas. En un sentido, la mistagogia es un método catequético. Es una forma de enseñar y entender. En la Iglesia primitiva, los obispos invitaban a los neófitos a reflexionar sobre los símbolos de la iniciación y a compararlos con imágenes similares en su experiencia vivida, para obtener una mejor comprensión del símbolo religioso. Por ejemplo, podían reflexionar sobre el proceso de hacer el pan o la función del agua en sus vidas. Luego, cuando se daban cuenta de que los muchos granos se convirtieron en un solo pan, y que el agua es la fuente de la vida, apreciaban encarecidamente los misterios sacramentales que habían experimentado. En la Iglesia primitiva, la mistagogia realizaba este tipo de catequesis.

Varios ritos litúrgicos también identifican esta etapa. A las misas dominicales del Tiempo Pascual, se les llamaba "misas para neófitos". Ellos y sus padrinos deben asistir. La instrucción que reciban formará también a la comunidad (RICA, 248). Durante la Octava de la Pascua, las oraciones de la misa suponen que los neófitos están presentes todos los días. La etapa de la mistagogia concluye con una celebración cerca de Pentecostés (RICA, 249). Sin embargo, los obispos de los Estados Unidos alientan a los grupos a reunirse mensualmente a lo largo de un año (ENC, 24). Se alienta al obispo a celebrar una misa para los neófitos en algún momento del año (RICA, 251). El aniversario de su bautismo también debe estar marcado con alguna celebración en la que puedan renovar su compromiso (RICA, 250). Antes, la Iglesia proveía textos de misa para tal celebración, pero el Misal actual ya no los incluye.

La mistagogia, por lo tanto, es una mezcla de liturgia y catequesis después de la iniciación.

100. ¿Cómo es una sesión de mistagogia?

No hay un acuerdo universal sobre la respuesta a esa pregunta. Esto implica que la catequesis mistagógica primaria se hace durante la misa dominical. Cuando se reúne la comunidad, los fieles y los neófitos reciben instrucción sobre los sacramentos y el misterio pascual, presumiblemente durante la homilía.

Sin embargo, pueden llevarse a cabo sesiones catequéticas separadas. Un catequista puede inducir a los neófitos a una reflexión sobre los símbolos de la Vigilia Pascual. Una celebración hermosa y sustanciosa de esa liturgia podrá facilitarla. Si los símbolos se utilizan de manera clara y abundante (por ejemplo, el bautismo por inmersión, un crisma aromático, la Comunión bajo ambas especies), la mistagogia podrá ser más fructífera.

Hay comunidades que utilizan este tiempo para "involucrar a los neófitos". Invitan a los representantes de las diferentes organizaciones parroquiales para que expliquen su trabajo o ministerio a los recién llegados. Es una cosa buena, pero la mistagogia no es realmente el momento de reclutar voluntarios. Es el momento de profundizar nuestra comprensión del misterio pascual. Además, el servicio a la Iglesia y la comunidad debieron haber sido parte de la vida de los neófitos mucho antes del bautismo, en la etapa del catecumenado (RICA, 75.4).

101. ¿Por qué es importante para los neófitos la Octava de Pascua?

Es importante para los neófitos la Octava de Pascua porque prolonga la celebración de la Pascua. En la Octava, cada día proclama que Jesús ha resucitado de entre los muertos; cada día anuncia la promesa de vida nueva del bautismo. La importancia de la Pascua es tan grande que toma ocho días proclamándola.

Las misas de la Octava de Pascua hacen esto de muchas maneras. Alrededor de la mitad de las oraciones presidenciales (como la Oración colecta, la Oración sobre las ofrendas y la Oración después de la Comunión) de esa semana se refieren a los bautismos de Pascua. El Gloria se canta o recita todos los días, como en la Pascua. La secuencia de la Pascua se puede cantar o recitar todos los días, como en la Pascua. El evangelio cada día proclama un relato de la Resurrección. El primer prefacio de la Pascua permite insertar "en este día", no solo "en este tiempo". Las inserciones en la Plegaria eucarística primera hacen lo mismo y mencionan a los recién nacidos en el bautismo como si estuvieran allí presentes. La misa concluye con un doble aleluya, como en la Pascua. En definitiva, cada día es la Pascua. Muchos de estos textos y tradiciones se derivan de un período en la Iglesia cuando los recién bautizados acudían a misa todos los días durante la semana después de la Pascua, vestidos con sus túnicas blancas. El *Rito de la iniciación cristiana de adultos*, sin embargo, no hace la misma recomendación. De asistir los neófitos a estas misas, podrían celebrar la alegría de la Eucaristía durante un período más prolongado, y su presencia acrecentaría dramáticamente la proclamación de la Buena Nueva de la comunidad.

102. ¿Por qué es tan importante en la mistagogia el año A?

Por el *Rito de la iniciación cristiana de adultos*, 247, las lecturas para el Año A del leccionario son especialmente apropiadas para las misas para neófitos. Se pueden utilizar todos los años.

La razón, sin embargo, no está del todo clara. No hay una larga tradición detrás de estas Escrituras, como para las de las misas de escrutinio (que también pueden usar las lecturas del Año A cada año). Las Escrituras de Pascua para los años B y C parecen igualmente convincentes. Es cierto que la segunda lectura durante el Tiempo Pascual del Año A, de la Primera Carta de Pedro, abunda en imágenes bautismales. Quizás los pasajes de Hechos y del Evangelio según san Juan, que rodondean las Escrituras de Pascua del Año A, son más fundamentales que las de los años B y C. De lo contrario, el genio particular del año A para la mistagogia permanece oculto.

103. ¿Cómo mantener a los neófitos en la mistagogia?

Uno de los asuntos más problemáticos del ministerio catecumenal es que los neófitos no perseveran mucho en la mistagogia. El problema parece universal.

Caben varias explicaciones. Después de aprender que la iniciación culmina en la Pascua, muchos asumen que se han "graduado" en la formación y dejan de asistir a las reuniones. Las sesiones sustanciosas también pueden agotar la energía, y los neófitos pueden necesitar un descanso. El equipo puede necesitar descanso también. Tal vez la celebración de la Vigilia no fue atractiva y parece haber poco a descubrir en la reflexión sobre ella. Los neófitos pueden haber aprendido sobre el bautismo y la Eucaristía como parte de su formación pre-sacramental y no tienen necesidad urgente de contemplar dichos misterios nuevamente. O quizás su integración en la comunidad se piensa exitosa y ya no sienten necesidad de más sesiones aparte.

Por otro lado, más que cualquier otra parte del *Rito de la iniciación cristiana de adultos*, las circunstancias en torno a la mistagogia hoy en día difieren enormemente de las de la Iglesia primitiva. En aquel momento, los ritos de iniciación se mantenían ocultos a los catecúmenos y a los elegidos. No era sino hasta su iniciación que entraban en contacto por primera vez con los símbolos de agua, pan y vino. Mientras duró su formación, fueron expulsados de la liturgia regularmente después de la Liturgia de la Palabra, y los fieles no discutían abiertamente ni su Credo ni la Eucaristía. Por esta razón, después de que los neófitos experimentaban los ricos símbolos de la iniciación, necesitaban un poco de tiempo para hablar sobre lo que escucharon, tocaron y saborearon. De estos materiales surgió una catequesis mistagógica prolífica. La necesidad de mistagogia estaba directamente relacionada con el secreto que envolvía el ritual cristiano. Hoy, ese secreto se ha ido, y nadie lo quiere de vuelta. Además, los catequistas, pastores y obispos quieren que los que están en formación conozcan los sacramentos católicos antes de la iniciación, por lo que la catequesis sobre estos asuntos precede al bautismo, mientras que en la Iglesia primitiva seguía al bautismo. Y, en una cultura tan ávida de celebridades como la nuestra, no hay que pasar por alto el papel del catequista. El catequista habitual de la mistagogia en la Iglesia primitiva era el obispo. No es ofensivo para nuestros excelentes catequistas actuales, pero no pueden competir con ese tipo de poder estelar.

Cuando los autores del catecumenado restauraron la mistagogia, no tomaron en cuenta estos factores históricos.

Si quiere mantener a los neófitos en la mistagogia, deberá convencerlos mucho antes de la Pascua de que después de ella seguirá el trabajo. Necesitará una buena celebración de la Pascua que requiera una conversación cuando concluya. Tendrá que proveer sesiones tan convincentes e inspiradoras, que los neófitos ansíen volver.

Tal vez la solución sea más simple. Usted proporcione una buena predicación y una buena liturgia dominical para que las misas de neófitos beban la catequesis mistagógica que necesitan. En un par de ocasiones, invite a los neófitos a que compartan sus experiencias de los sacramentos y de la vida como católicos. Usted va modelando sus ideas, y eso puede ser suficiente.

104. ¿Por qué hay una misa con el obispo para los neófitos?

La misa del obispo con los neófitos se realiza para que el obispo tenga contacto personal con los recién bautizados (RICA, 251).

A fin de cuentas, es el obispo quien guía el ministerio de bautismo en su diócesis (Introducción general, 12). En un mundo ideal, él bautizaría a todos sus elegidos y les daría la bienvenida personalmente al Cuerpo de Cristo. En la práctica, esto es difícil debido a la gran cantidad de personas que se van a bautizar y las distancias involucradas. Además, las comunidades parroquiales ejercen el ministerio del obispo en entornos locales. El bautismo tiene sentido como parte de la celebración anual de Pascua de la iglesia local.

Para compensar la imposibilidad de que el obispo bautice a tantos, el *Rito de la iniciación cristiana de adultos* hace dos ajustes. Recomienda que el Rito de Elección se haga en la catedral y promueve una misa para neófitos con el obispo. Históricamente, el Rito de Elección era una liturgia en la catedral igual que los Ritos de Aceptación, de Escrutinios o del bautismo. Teológicamente, si el obispo solo podía estar presente en una liturgia, debía ser la del bautismo. Ahora en cambio, los catecúmenos vienen a él para ser nombrados entre los elegidos. Y se les invita a regresar después del bautismo a celebrar la Eucaristía con el padre espiritual de su diócesis.

105. ¿Qué tipo de celebración por el aniversario del bautismo hay que hacer?

Cómo celebrar el aniversario bautismal depende de la iglesia local (RICA, 250). El ritual recomienda que los bautizados el año previo se unan para agradecer a Dios, compartir sus experiencias y renovar su compromiso. El formato prevé una combinación de oración y compartir espiritual. Quizás podría aparecer entre las ofrendas de una parroquia en la próxima Cuaresma o celebrarse en relación con una de las misas de neófitos del año siguiente.

106. ¿Deben prepararse para el sacramento de la reconciliación los recién bautizados?

Suena bien esa idea. Muchos están realmente hambrientos de su primera confesión. Aunque la confesión solo es obligatoria para quienes están en pecado mortal, es beneficiosa para todos los católicos. El equipo podría ayudar a los neófitos a organizar un momento para la confesión. Los padrinos podrían ayudarlos a prepararse.

107. ¿Qué tipo de cuidado pastoral ofrecemos después de la mistagogia?

Concluida la mistagogia, los neófitos reciben el mismo cuidado pastoral que los demás fieles. Pero un buen equipo pastoral pondrá especial cuidado a las nuevas ovejas del rebaño. Ese equipo les ayudará a darle firmeza a su compromiso. Puede ser bueno visitar a los neófitos de vez en cuando para preguntar cómo van sus experiencias de fe, si ser católicos es lo que esperaban, si están contentos o decepcionados por la experiencia, a qué desafíos se enfrentan como católicos. y qué luces espirituales han recibido.

En la Iglesia, el Espíritu de Dios está vivo y saludable, especialmente en el corazón de los neófitos. Conversar con ellos fortalecerá el Cuerpo de Cristo. Junto con ellos, cargaremos el yugo suave de aquel cuya misión compartimos, cuya vida vivimos y en cuya promesa creemos.

Bibliografía

Código de Derecho Canónico. Profesores de Derecho Canónico de la Universidad Pontificia de Salamanca, Madrid: BAC (2018).

Código de Cánones de las Iglesias Orientales (Codex Canonum Ecclesiarum Orientalum). Profesores de Derecho Canónico de la Universidad de Salamanca, Madrid: BAC, 1998.

Concilio Ecuménico Vaticano II: Constituciones, Decretos y Declaraciones. Madrid: BAC, 2007.

Directorio General para la Catequesis. Congregación para el Clero. Città del Vaticano: LEV, 1997.

Directorio Nacional para la Catequesis. United States Conference of Catholic Bishops. Washington, DC: USCCB, 2005.

Directorio para la aplicación de os principios y normas sobre el ecumenismo. Pontificio Consejo para la Promoción de la Unidad de los Cristianos. Città del Vaticano: LEV, 1993.

Rito de la iniciación cristiana de adultos. United States Conference of Catholic Bishops. Washington, D.C.: USCCB, 1991.

Ritual para el Bautismo de los Niños. Conferencia de Obispos Católicos de los Estados Unidos. Washington, D.C.: USCCB 2009.

Recursos para la iniciación cristiana

Autores varios. *Catecumenado de adultos: Las celebraciones litúrgicas.* Barcelona: Centre de Pastoral Litúrgica (Dossiers CPL, 120), 2011.

Autores varios. *El catecumenado.* Barcelona: Centro de Pastoral Litúrgica (Cuadernos Phase, 13), 2003.

Borobio, Dionisio. *La iniciación cristiana.* Salamanca: Ed. Sígueme, 2009.

Borobio, Dionisio. *Catecumenado e iniciación cristiana.* Barcelona: Centre de Pastoral Litúrgica, 2007.

Burns Senseman, Rita. *Guía para adaptar el RICA para niños.* Chicago: Liturgy Training Publications, 2019.

Floristán, Casiano. *Para comprender el catecumenado.* Estella, Navarra, España: Editorial Verbo Divino, 1989.

Fontbona, Jaume. *Los sacramentos de la iniciación cristiana.* Santander: Centre de Pastoral Litúrgica, 2014.

Fontbona, Jaume. *Bautismo y Confirmación.* Barcelona: Centre de Pastoral Litúrgica (Cuadernos Phase, 109), 2000.

Gensler, Gael, osf, Timothy A. Johnston, Corinna Laughlin y Kyle Lechtenberg. *Discípulos haciendo discípulos: Recursos impresos y digitales para formar la asamblea.* Chicago: Liturgy Training Publications, 2017.

Lewinski, Ron. *Una introducción al RICA: La visión de la iniciación cristiana.* Chicago: Liturgy Training Publications, 2018.

Oñatibia, Ignacio. *Bautismo y Confirmación: Sacramentos de iniciación.* Madrid: BAC (Sapientia Fidei, 22), 2000.

Sastre, Jesús. *El catecumenado de adultos: Catequesis para una fe adulta.* Madrid: P.P.C., 2011.

Tudela, Michaela I. *Guía para el RICA con niños: Preguntas y respuestas para papás*. Chicago: Liturgy Training Publications, 2018.

Tufano, Victoria M., Paul Turner y D. Todd Williamson. *Guía para celebrar la iniciación cristiana con adultos*. Chicago: Liturgy Training Publications, 2018.

Urdeix Dordal, Josep. *El Bautismo en la Roma medieval* (Ordo Romanus XI). Barcelona: Centre de Pastoral Litúrgica (Cuadernos Phase, 65), 1995.

Sobre el arte de portada

La iniciación cristiana "se hace gradualmente, en conexión con la comunidad de los fieles" (*Rito de la Iniciación Cristiana de Adultos*, 4). Se trata de un camino espiritual de catequesis, oración y vida dentro de la comunidad cristiana, el cual lleva a los participantes hasta la conversión y la iluminación a medida que conocen a Cristo Jesús. Normalmente, este camino termina con la celebración del bautismo, la confirmación y la Eucaristía en la Vigilia de Pascua. Mediante esta iniciación, los participantes se unen con Cristo y se convierten en miembros de su Cuerpo místico, la Iglesia.

Cody F. Miller ilustra los tres evangelios de la celebración de los escrutinios. Estos ritos se celebran durante la Etapa de Purificación e Iluminación. Las imágenes de la mujer junto al pozo, el hombre que nació ciego y la resurrección de Lázaro nos recuerdan la victoria sobre el pecado y la muerte; victoria que nos es traída por el bautismo en Cristo Jesús, agua viva, luz del mundo y fuente de vida eterna.

Sobre el artista

El Sr. Miller nació en Columbus, Ohio, donde vive con su esposa y sus dos hijos. En 1995 obtuvo su licenciatura en Bellas Artes en el Columbus College of Art and Design de Columbus. Actualmente, el Sr. Miller es artista residente del Goodwill Art Studio and Gallery.

Trabaja con papel cortado y pinta "para transmitir cierto grado de esperanza… de tal forma que muestre la discreta huella de Dios que dice, 'Siempre he estado aquí'". Aprecie su arte en www.codyfmiller.com.